Aurélienne Dauguet

AURATHERAPIE

Danksagung

In Dankbarkeit an meine Lehrer in allen Dimensionen, sei es irdisch oder spirituell.

In Dankbarkeit an die zahlreichen Menschen, die mir erlaubt haben, in ihre Auren zu schauen und an ihnen zu wirken.

In Dankbarkeit an die intelligenten, offenen, sensiblen, wissbegierigen Studenten, die mir ermöglichen, mein Wissen weiterzugeben. Das Weitergeben ruft das Empfangen neuer Paradigmen hervor. Dafür bin ich am dankbarsten.

Aurélienne Dauguet

AURATHERAPIE

für
ÄRZTE,
THERAPEUTEN
und
interessierte
LAIEN

LEHRBUCH
und
PRAXISBUCH

Autor: Aurélienne Dauguet
Satz und Layout: Karin Hartl
Zeichnungen: Hans-Jürgen Franz

Bibliografische Information der Deutschen Nationalbibliothek:

Die Deutsche Nationalbibliothek verzeichnet diese Publikation in der Deutschen Nationalbibliografie; detaillierte bibliografische Daten sind im Internet über http://dnb.dnb.de abrufbar.

© Juli 2023 - Merano-Verlag, Kipfenberg, Deutschland

2. Auflage (2023)

Herstellung: BoD - Books on Demand, Norderstedt

ISBN: 978-3-944700-42-7 (Paperback)

ISBN: 978-3-944700-72-4 (e-book)

Die in diesem Buch vorgestellten feinstofflichen Übungen und Methoden haben sich in der energetischen Forschung und in ihrer Durchführung als wohltuend und wirkungsvoll bewährt. Persönliche, anerkannte Schulung ist aber Voraussetzung zur qualifizierten Anwendung dieser Arbeitsweisen.
Wer diese theoretischen Ansätze umsetzt, tut dies in eigener Verantwortung.

Autor und Verlag beabsichtigen nicht, mit diesem Buch individuelle Diagnosen zu stellen oder Therapieempfehlungen zu geben.

Teil 1: LEHRBUCH

Teil 2: PRAXISBUCH

Aurélienne Dauguet

AURATHERAPIE

für
ÄRZTE,
THERAPEUTEN
und
interessierte
LAIEN

TEIL 1: LEHRBUCH

Vorwort:

Dieses Werk ist das Ergebnis jahrelanger Beobachtungen und Erfahrungen im Rahmen meiner Praxis, der Unterrichtssituation als Dozentin sowie des Einzelunterrichts.[1] Es ist auch die Zusammenfassung von feinstofflichen Erlebnissen aus dem Alltag und mit meinem eigenen aurischen Feld, aus dem Lehrmaterial meiner unterschiedlichen Lehrer sowie aus der Quelle der Inspiration und der Eingebung aus den geistigen Dimensionen.

Eine der faszinierendsten Veränderungen der gegenwärtigen Prozesse ist die Aufgeschlossenheit für das Unsichtbare, für das Feinstoffliche und für intuitive Geschehnisse, die sich hinter materiellen Erscheinungen verbergen.

Die Erforschung der Aura ist ein sanfter, tiefgründiger, unaufdringlicher therapeutischer Vorgang, der einen direkten Zugang zu den tiefen Schichten des Wesens ermöglicht. Jeder, der die aufrichtige Offenheit mitbringt, kann eine tiefere Sinneswahrnehmung und intensivere Intuition erlangen, seine innewohnende Weisheit aktivieren und so die persönlichen Grenzen transzendieren – sowohl im Alltag als auch in der Praxis. Das gezielte Praktizieren entfaltet auf Dauer die latente vorhandene Hellsichtigkeit.

---

[1] Ich unterrichte Interessierte in allen Belangen der Auraarbeit in Übereinstimmung mit der esoterischen Tradition, die das Weitergeben des Wissens als individuellen Vorgang betont. Der Vorteil dieser Unterrichtsweise berücksichtigt die besonderen Begabungen und Schwerpunkte der Studenten sowie deren persönlichen Rhythmus oder Zeitplan. Der Unterricht erfolgt entweder in Person oder telefonisch (auch im Ausland möglich).

Dieses Handbuch widmet sich dem theoretischen Teil der Auratherapie, den Aurapathologien sowie unterschiedlichen energetischen Paradigmen. Ein einfaches, tiefgründiges Verständnis eröffnet den Zugang zur Multidimensionalität des Menschen und seinen subtilen Aspekten. Ergänzend zu diesem Lehrbuch gibt es Teil II, das Praxisbuch, das ausführliche Arbeitsmethoden offeriert.

Im vorliegenden Buch werden eine Reihe von feinstofflichen Techniken vorgestellt, die von jedem leicht erlern- und anwendbar sind, teilweise unter Einbeziehung von Hilfsmitten. Die Übernahme eines dogmatischen Glaubenssystems ist dabei nicht erforderlich, die Auraarbeit ist völlig konfessionsunabhängig. Den Begabungen des Anwenders wird großer Spielraum gelassen. So wird beispielsweise der Grundsatz der Farbentsprechungen vermittelt, gleichzeitig wird aber der Hellsichtige oder der Feinfühlige dazu ermutigt, seine für ihn ganz persönliche Farbdeutung zu entwickeln.

Die Auraarbeit kann ergänzend und vertiefend zu allen anderen Therapien eingesetzt werden und verhilft im Praxisalltag zu größeren und schnelleren Heilungserfolgen. Die einzige Bedingung besteht in der Bereitschaft umzudenken und umzufühlen, um Raum zu schaffen für die einfache und sanfte Auratherapie und um deren tiefgründige Wirksamkeit im Prozess der Heilung geschehen zu lassen.

Ich finde es bedauerlich, dass oftmals mit „Kanonen auf Spatzen geschossen wird", anstatt – wo angebracht – eine Therapie grundsätzlich zuerst einmal mit sanften, achtsamen und nicht eindringlichen Methoden und Mitteln zu beginnen, die den Organismus ganzheitlich in Betracht ziehen. Sind zusätzliche Maßnahmen gefragt, stünde immer noch die ganze Palette der Schulmedizin zur Verfügung. Durch eine optimale sich ergänzende Kombination von herkömmlichem Behandlungsplan und Begleitung und Erweiterung mittels feinstofflicher Arbeitsweisen ließen sich Diagnosen untermauern und rascheste und beste Heilerfolge erzielen.

Die Auratherapie wird durchgeführt, ohne die Person physisch oder grobstofflich zu berühren. Diese bleibt stets bekleidet. Auch Uhren und Schmuck brauchen nicht abgelegt zu werden.

Im Umgang mit der Auraarbeit ist die überwältigende Mehrheit der Frauen mit ihrer großen Offenheit, ihrem Mut, ihrer Kompetenz und Aufnahmefähigkeit – als Klientinnen sowie als Studierende und Interessierte – bezeichnend und sollte Beachtung finden. Der Einfachheit halber habe ich mich deshalb für die Verwendung der weiblichen Form entschieden.

1. Kapitel

1.1 Definition des Begriffs „Aura"

Etymologisch hat das Wort zwei Ursprünge: einen lateinischen, der „Hauch" und einen altgriechischen, der „Luft" bedeutet. Beide Begriffe deuten auf die Feinstofflichkeit, auf den subtilen Aspekt der Aura hin, der im Gegensatz zum physischen, grobstofflichen oder materiellen Körper steht.

Die Aura ist die Matrix des physischen Körpers, sie ist die feinstofflich tragende Form und Substanz des Materiellen. Ohne Aura gibt es keinen Körper.

Der Lufthauch ist der Träger oder das Gefäß des Äthers. Dieses Element ist gleichzeitig die Lebenskraft und das strahlende Licht. Die Alchemie oder die okkulte Chemie wusste genau um diese alles durchdringende Substanz, aus der alles besteht und die gleichzeitig alles trägt. Die moderne Wissenschaft hat dieses Wissen Ende des 19. Jahrhunderts ausgerottet. Einstein hat den Begriff „Äther" vermisst und in seinen späteren Jahren seine Meinung revidiert, wie die Diplom-Physikerin Gabi Müller in der Zeitschrift raum&zeit 146/2007 in ihrem ausgezeichneten Artikel „Wirbelwelten – Leben im Äther" beschreibt.

Die Aura ist eine Schutzhülle. Anhand der Leuchtkraft ihres Pulsierens, ihrer Größe, Dichte, Beschaffenheit und Farbe liefert sie Informationen über das Potenzial, das Mitgebrachte, die Gesundheit. Sie ist ein individueller Spiegel aller Denk-, Fühl-, Handlungs- und Lebensweisen des Menschen. Sie ist gleichzeitig ein Wegweiser und eine Rückkoppelung an die Essenz des Wesens.

Der Ausdruck „Hauch" weist auf ihre Feinstofflichkeit, auf ihren subtilen Aspekt hin. Andere Benennungen unterstreichen andere Qualitäten der Aura. Interessanterweise gibt es viele Begriffe, die die Aura beschreiben:

- Ausstrahlung
- Wellenlänge
- Lichthof
- Energiefeld
- aurisches Feld
- Biofeld
- feinstofflicher oder subtiler Körper
- Emanation
- Biophotonen
- Bioplasma
- Das Eiförmige
- Das Od von Freiherr von Reichenbach
- Nimbus
- Heiligenschein
- Auraschichten

Vielleicht finden Sie selber noch weitere Ausdrücke aus der Mystik, aus der Physik oder aus der Alltagssprache, die von einer unbewussten Kenntnis der Aura zeugen.

1.2 Erweiterte Betrachtung, erweitertes Bewusstsein

Die Wahrnehmung der Aura setzt voraus und fördert zugleich eine Bereitschaft, sich selbst, anderen und der Welt ganzheitlich zu begegnen. Unsere inneren und äußeren Sinne werden geschärft.

Unsere Betrachtung beschränkt sich nicht nur auf die physische, materielle Erscheinung, sondern es wird auch die subtile mit einbezogen.

Als Symbol für diese erweiterte Betrachtung dient uns die Kerze. Sie ist auch ein Hilfsmittel, um unser Bewusstsein auszudehnen.

Eines der Werke des vielseitig inspirierten französischen Philosophen und Psychotherapeuten Gaston Bachelards „Die Flamme einer Kerze" (1961) hat mich in der Jugend dazu motiviert, mich im meditativen Zustand mit einer Kerze auseinanderzusetzen.

Das ganze Buch ist eine Einleitung in das bewusste Eindringen in den Lichthof der Flamme. Vom materiellen zum immateriellen Zustand folgt das Gewahrsein des Beobachters dem physikalischen Dasein der Flamme und ihrer Wärme bis in die unendliche Ausdehnung des Lichts. Das individuelle Licht der Kerze löst sich auf in das grenzenlose Licht des Universums. Das bestätigt die moderne Physik – und das gilt auch für die Leuchtkraft der Aura. Das Parallel Kerze/Aura lässt uns die immaterielle, unendliche Ausstrahlung des Bewusstseins wahrnehmen.

Für die Anwendung von Auratherapie brauchen Sie kein Philosoph zu sein und sie müssen auch nicht meditieren, aber eine achtsame, fokussierte Arbeitsweise ist die Voraussetzung für eine bewusste, äußerst wirksame und wohltuende Energiearbeit, die andere therapeutische und medizinische Maßnahmen vervollständigen und intensivieren kann.

1.3 Die globale Aura

Der Mensch besitzt sechs feinstoffliche Körper, die sich innerhalb des physischen Körpers befinden, und die wie die russischen Steckpuppen, die Matrioschki, ineinander verschachtelt sind. Jeder dieser feinstofflichen Körper besitzt wiederum eine spezifische, nach außen strahlende Aura. Die globale Aura beinhaltet alle sieben Auren, die aus den sechs unsichtbaren feinstofflichen Körpern und aus dem sichtbaren physischen Körper strahlen. Jedem feinstofflichen Körper ist ein Energiezentrum = Chakra zugeordnet, mit dem es verbunden ist.

Der Mensch ist ein multidimensionales Wesen. Mit jedem seiner sieben Körper kann er die entsprechende Bewusstseinsebene erkunden, z. B. stehen der Emotionalkörper mit der Gefühlswelt und der Astralkörper mit der Welt der Träume und der Dimension der nicht-inkarnierten Wesen in Verbindung. Vielleicht konnten Sie schon einmal beobachten, dass Schmerzen, Unbehagen oder so etwas wie ein elektrischer Schlag bereits vor Beginn einer akuten Krankheit außerhalb oder am Rande des Körpers spürbar waren, d. h. die Disharmonie war bereits im Ätherkörper angesiedelt und wurde dort wahrgenommen.

Die Sprache liefert uns einen weiteren interessanten Hinweis: In der Neurologie wird der Begriff „Aura" verwendet, um die Vorzeichen eines epileptischen Anfalls zu beschreiben. In der Tat kann die Patientin lernen, diese Vorwarnungen, diese Symptome zu erkennen und zu deuten, bevor der Anfall sich körperlich durch Zuckungen ausdrückt.

Anfangs werden wir mit der Gesamtausstrahlung der unterschiedlichen Energiekörper arbeiten, mit der Einheitlichkeit der Auraschichten, ohne sie in die unterschiedlichen Auren einteilen zu wollen. Das Bild der Matrioschki soll uns dabei als Hilfe für unser Verständnis dienen. In Wirklichkeit fließen die Auraschichten ohne strenge Abgrenzung ineinander bzw. überlagern sich. Die allumfassende energetische Hülle des Menschen bezeichnen wir als globale Aura.

1.4 Traditionelles Wissen – Überlieferung – Neue Physik

Manche historischen Gemälde zeigen Personen, die von einer Hülle umgeben sind. Auch in Grotten findet man Zeichnungen von Tieren und Menschen mit sichtbarer Ausstrahlung. Religiöse Kunst der christlichen Traditionen versieht spirituelle Persönlichkeiten mit einem Heiligenschein und bisweilen erwähnen alte mystische Texte – in verdeckter oder dichterischer Sprache – die feinstofflichen Körper und die Energiezentren. Interessanterweise beinhaltet die Mystik der Überlieferungen aus dem Christentum, dem Judaismus oder dem Sufismus ein tiefes Wissen über die subtilen Aspekte des Menschen, ganz im Gegensatz zu den religiösen Belehrungen, die dem durchschnittlichen Menschen gewidmet sind.

Die Sanskrit-Literatur und die indische Philosophie mit ihren hinduistischen und buddhistischen Lebenslehren sind wahre Schatzkammern an Kenntnissen über die spirituellen, esoterischen und mystischen Dimensionen des menschlichen Daseins. Aus eben diesem Gedankengut ist die Theosophie von Helena Blavatsky entstanden. Annie Besant, Charles W. Leadbeater und Alice Bailey haben zu Beginn des 20. Jahrhunderts die östliche spirituelle Wissenschaft in das Abendland gebracht.

Seit den 40er Jahren des 20. Jahrhunderts hat sich die Quantenphysik mit der Erforschung von unsichtbaren Energiefeldern auseinandergesetzt. Harald Saxton-Burr, John Steward Bell, David Bohm, Rupert Sheldrake und Prof. Dr. Fritz Albert Popp sind namhafte Forscher, die ich hier erwähnen möchte.

China und Japan fördern Forscherteams, die Biophotonen untersuchen. Aura-Videokamera, Aurakamera, Kirlianfoto-grafie sowie einige Computerprogramme veranschaulichen die elektromagnetische Ausstrahlung der Aura. Folgende Personen stehen für moderne literarische und künstlerische Verdeutlichungen: Dora Kunz, Manuela Oetinger, Charles Leadbeater, Jack Schwarz und die drei Therapeutinnen Rosalyn Bruyere, Barbara Ann Brennan, Annie Givaudan. Unbedingt nennenswert sind auch die bereichernden Beiträge des hellsichtigen Visionärs Rudolf Steiner, der Anthroposophie im Allgemeinen sowie der Rosenkreuzer.

Die aus der Relativitätstheorie entstandene „Neue Physik" und die Quantenphysik belegen viele Behauptungen der Metaphysik. Max Planck bestätigt mit der Entdeckung der Quanten, dass Energie überall vorhanden ist, und dass Materie verdichtete Energie ist. Harold Saxton-Burr entdeckt in den 40er Jahren an der Yale-University eher zufällig die „L-Fields" (Lebensfelder).

Die Superstring-Theorie, die besagt, dass alles im Universum aus Lichtwellen besteht, wurde in den 60er Jahren aufgestellt. 1964 hat John Stewart Bell mit seinem „Bells Theorem" das metaphysische Postulat untermauert, dass alles miteinander verbunden ist.

Die Biophotonen-Forschung von Quantenphysiker Prof. Dr. Fritz Albert Popp im Institut für Strahlungsanalysen am Kaiserslauterner Technologiezentrum erforscht Photonen, die physikalischen Bausteine des Lichtes, und beweist, dass jedes Lebewesen, vom Einzeller bis zum Menschen, von einem schwachen Licht umgeben ist. Dies wird durch Experimente, praktische Umsetzung und empirische Durchführung bestätigt.

1.5 Entmystifizierung

Kollektive Ängste und vorgefasste Meinungen über unsichtbare Dimensionen fördern Ablehnung, Verwirrung und Ignoranz bezüglich der Aura, der Chakren und der feinstofflichen Energien.

Mit folgenden Fragen und Aussagen können Sie Ihre Vorurteile testen:

a) Ich bin der Meinung, dass das Wahrnehmen der Aura gleichzusetzen ist mit Wahrsagen.

b) Bedeutet das Sehen der Aura, ständig Farben um die Menschen herum zu sehen?

c) Kann ich bei jedem feststellen, was los ist, wenn ich die Farbdeutung auswendig lerne?

d) Ich traue mich nicht, in meiner Praxis in der Aura zu „wedeln".

e) Die Auratherapie erscheint mir zu einfach, um wirksam sein zu können.

Die Antworten und Aussagen können Sie auf Ihre ganz persönliche Weise ergänzen und vervollständigen, und zwar jetzt oder aber auch später, wenn Sie Ihre eigenen Erfahrungen gesammelt haben.

<u>Antwort a)</u>:

Das Sehen der Aura und Wahrsagen sind zwei verschiedene Methoden, die sich jedoch unter Umständen nicht ausschließen.

Die Betrachtung der Aura liefert unterschiedliche Eindrücke, die zur Herstellung von Gesundheit und der Harmonisierung eines psycho-emotionalen Zustandes verwendet werden. Abhängig vom Grad der Hellsichtigkeit der Person kann es sein, dass weitere Informationen aufgenommen werden, z. B. Hinweise in Form von Bildern, Wissensblitzen, Einsichten oder Symbolen, die sich möglicherweise auf vergangene oder zukünftige Ereignisse beziehen. Allerdings ist es eine Kunst, die viel Erfahrung benötigt, um sie erstens aufzunehmen und zweitens, um sie richtig zu deuten und zu interpretieren. Drittens stellt sich die Frage, ob diese Auskünfte nützlich sind, und ob sie mitgeteilt werden sollten. Vermutlich kommt die Klientin, um sich besser zu fühlen und nicht, um Geschichten zu hören. Grundsätzlich sind große Sorgfalt und Zurückhaltung geboten. Nur in einem deutlichen und positiven Fall würde ich nüchtern behaupten, dass sich z. B. eine bestimmte Situation zum Besseren wenden und entwickeln wird. „Ich habe einen guten Eindruck", „Ich bin zuversichtlich", setzt einen optimistischen Akzent, ohne sich in hellsichtige Wahrnehmungen zu verlieren, die man in so einem Fall besser für sich behalten sollte.

<u>Antwort b)</u>:

In der Regel nicht! Die Aura besteht nicht nur aus Farben. Die Reduzierung des Energiefeldes auf die Farbe ist eine verbreitete, pauschale Vereinfachung der Ansicht über die Auraarbeit, die aber nicht zutrifft. Außer in seltenen Ausnahmen von spontanen, spirituellen Öffnungen erfordert das Wahrnehmen der Ausstrahlung eine besondere Absicht und eine geschulte Betrachtungsweise.

Die Absicht, sich ständig und für alles in seiner Umgebung empfänglich zu machen, macht keinen Sinn, denn die Fülle von Eindrücken kann sich überwältigend und destabilisierend auswirken. Ein ausgerichteter Fokus und gleichzeitige Unvoreingenommenheit sind gefragt – und das auch nur, wenn die Patientin dies ausdrücklich wünscht und gestattet. Dann ist die Heilkundige verpflichtet, ihre optimale Wahrnehmungsfähigkeit gelten zu lassen. In der Tat geht das mit etwas Übung praktisch auf Knopfdruck. Im Alltag, bei Freunden und im nahen Umfeld wird die Hellsichtigkeit nicht erwähnt, außer in Notfallsituationen oder wenn ersichtlich ist, dass sich jemand kompetenten Rat holen sollte. Und selbst dann sollte es nur ein Vorschlag sein.

Die unerbetene Erteilung von Ratschlägen erweist sich als äußerst unangenehme Besserwisserei. Das ruiniert den Ruf und das Ansehen der feinstofflichen Arbeit und ist ein Übergriff auf die persönliche Freiheit.

<u>Antwort c):</u>

Ich verzichte absichtlich auf eine Liste von Entsprechungen zwischen Farben und ihren Bedeutungen, weil sie in jedem Buch über die Aura zu finden ist. Der Nachteil von vorgefertigten Farbdeutungen besteht darin, dass sie zwar sinnvoll ist für die Person, die sie für sich aufgestellt hat, aber dass sie möglicherweise für andere eben nicht zutrifft. Sich eine eigene Farbdeutung zu erarbeiten ist aufwändig, hat aber den großen und vor allem stimmigen Vorteil, individuell und differenziert zu sein. Und ich wiederhole: Die Aura besteht nicht nur aus Farben!

<u>Antwort d)</u>:

Die Auratherapie wird am besten in einem Seminar gelernt, in dem gegenseitig geübt und viele mögliche Folgen, Auswirkungen oder Varianten besprochen und getestet werden. Unterschiedliche Fragen und Anregungen werden ausgetauscht und inspirieren gegenseitig die Teilnehmer. Im Einzelunterricht wird der Inhalt durchgesprochen und sinnvoll an die individuellen Bedürfnisse der Lernenden angepasst. So können Sie allmählich diese neuen Methoden in Ihren Berufsalltag einbauen, z. B. eine systematische Auraglättung am Ende der Behandlung durchführen. Wie bei allen therapeutischen Maßnahmen sind die Kompetenz und die Überzeugung der Ärztin entscheidend. Durch das Abwägen und die Unterscheidungsfähigkeit erkennt man leicht, mit wem man sich länger oder kürzer über eine Auratherapie unterhalten kann. Immer mehr Menschen freuen sich über eine ganzheitliche Methode, die gleichzeitig sanft und wirksam ist, und – was sehr geschätzt wird – sofort spürbar ist.

Zunehmend mehr Hilfesuchende suchen sich Medizinerinnen aus, die ausdrücklich ihr Fachgebiet mit feinstofflicher Arbeit untermauern und heißen jegliche Weiterentwicklung willkommen. Mit diesen Menschen kann man sich ausführlicher unterhalten, was zu einer Vertiefung des therapeutischen Vertrauens führt.

Eine besondere und gleichzeitig nicht selten vorkommende Vorgehensweise ist die Einführung von Auraarbeit bei klassisch „austherapierten" Patientinnen. Hier gibt es für alle Beteiligten des Öfteren positive Entwicklungen. Wo „nichts mehr hilft" können die sanften, feinstofflichen Methoden ohne Nebenwirkungen positive Lösungen liefern.

<u>Antwort e)</u>:

Kopflastigkeit, Intellektualisierung und Dogmatismus sind bezeichnend für die westliche Welt und stellen eine endlose Verkomplizierung des Alltags dar. Offenheit und die Bereitschaft selber zu experimentieren, zeigen nicht nur den empirischen Wert der Auratherapie, sondern ihre unmittelbare überzeugende Wirksamkeit. Achtsamkeit, Bewusstsein und Beobachtungsgabe intensivieren die praktische Durchführung.

Die Klientinnen entdecken ihre eigene Macht und Kraft, und die geübte Behandlerin begleitet Schritt für Schritt die Verbesserung der feinstofflichen Ausstrahlung und des gesamten Wohlergehens. Häufig geht es um ein hilfreiches Zulassen, das von einer ganzheitlichen Kompetenz und Wahrnehmung untermauert wird. Es ist Zeit, dass unmittelbare Hilfeleistung auf sanfte, kostensparende und menschliche Weise angeboten wird. Einfach und tiefgründig.

Einstein hatte behauptet, dass wir nur 10 % unseres geistigen Potenzials nutzen. Üblicherweise bezieht sich diese Aussage lediglich auf unsere intellektuellen Fähigkeiten. Bereits in frühester Kindheit werden unser intuitives Potenzial und unsere spirituelle Verbindung lahmgelegt. Dagegen berichten Mythen, die von der Erschaffung der Menschheit erzählen, von Zivilisationen und Völkern, die über besondere Fähigkeiten verfügten, z. B. der Vovol Puh, der beschreibt, dass die Menschen die 360°-Sicht besaßen, bis die Götter ihnen Sand in die Augen streuten.

Die Zeitenwende ist da. Seit den 70er Jahren werden Menschen mit außerordentlichen Begabungen geboren, und die Menschheit entdeckt wieder – als Abbild Gottes – ihre natürliche innewohnende Wahrnehmungsfähigkeit und ihre spirituelle Verbindung zu den höheren Dimensionen. Die Fähigkeit, die Aura wahrzunehmen, ist bei allen Menschen latent vorhanden. Eine hochentwickelte Wahrnehmung kann entweder angeboren sein oder durch intensives Training entwickelt werden. Es gibt auch Berichte von Menschen, die hellsichtige oder sonstige intuitive Fähigkeiten aufgrund eines Traumas oder auch durch eine prägende Lebenskrise spontan entfaltet haben.

Die Erforschung des Bewusstseins in den letzten Jahrzehnten weist auf Methoden hin, die die Aktivität der Gehirnhemisphären anregen. Noch wirksamer als die Prädominanz einer Gehirnhälfte zu unterstützen, ist die Förderung der Verbindung beider Hemisphären. Dies ist Aufgabe des Corpus Callosum, der rechte und linke Hemisphäre verbindet.

1.6 Aurabewusstsein

Inneres und äußeres Aurabewusstsein werden durch die inneren Sinne entwickelt. Es gibt einige Übungen, um diese für das spontane Erspüren der Aura zu entfalten: Zuerst muss man sich Zeit nehmen, das eigene Gespür zu verfeinern. Wer unter Zeitdruck etwas erreichen will, ist schon zum Scheitern verurteilt. Im Gegensatz zu einem obstrusen, linearen Denken erweist sich ein spielerischer Umgang mit den Übungen als entspannend, hilfreich, kreativ und zielführend.

Der Mensch hat sich an eine gewisse Härte gewöhnt. Man erträgt, man verdrängt, man zwingt sich, und mit der Zeit braucht man, wie beim Essen, einen Geschmacksverstärker, um überhaupt noch etwas spüren, schmecken zu können. Ständiger Lärm betäubt, und wir gewöhnen uns an die gröberen Empfindungen. Hier geht es darum, in der subtilen Welt der Energien zarte, feine, kaum bemerkbare Veränderungen wahrzunehmen. Dafür müssen wir erst einmal wieder empfänglich werden.

Mit klarer Absicht ist es möglich umzuschalten auf einen Modus, der nach innen gerichtet ist. Zuerst scheint dort Stille, Leere, Nichts zu herrschen. Das ist ein entscheidender Schritt, um Erwartungen und sonstige normale Abläufe loszulassen. Kurzzeitig dort zu verweilen kann eine Herausforderung darstellen, aber gerade darin liegen die Schätze. Ganz bei sich zu sein, das ist eine wichtige Voraussetzung, dass man das Leben bewusst wahrnimmt. Dazu gibt es eine Übung der Achtsamkeit, mit der man zerstreute Gedanken, Eindrücke und Persönlichkeitsanteile mit den Händen zurück ins Zentrum holt, so als ob man leichte Wolken, die überall ringsherum schweben, in die eigene Mitte einordnen möchte. Auch wenn Sie keine Wolken in Ihrer Aura sehen, tun Sie bitte, als ob Sie die Zerstreuung einsammeln würden, um die Aufmerksamkeit ins Innere zu richten. Machen Sie eine Pause und beobachten Sie, wie sich Ihre Energien mehr um den inneren Pol bündeln. Bereits in diesem Stadium mögen Sie eine allgemeine Veränderung spüren, die Ihnen Stabilität, Klarheit und Ruhe verleiht – oder zumindest eine Veränderung, die sich in diese Richtung entwickelt. Jetzt lohnt es sich, auf sanfte Impulse zu achten und zarte Eindrücke festzustellen. Es sollen keine vollständigen Umpolungen erfolgen, es soll lediglich Raum geschaffen werden für eine entspanntere Muskulatur oder ein gelasseneres Gemüt. Wir gehen mit bescheidenen Schritten vorwärts.

Atmen und Beobachten sind die Begleiter dieser Methode. Ganz normal atmen, wie es für Sie stimmig ist, und Zeuge sein, was es zu sehen, zu hören, zu fühlen und zu verfolgen gibt. Zulassen, ohne zu urteilen oder einzugreifen. Mit ein wenig Übung wird es entspannend und faszinierend, in diesem „Fast-Nichts-Zustand" zu verweilen. Es gibt nichts zu analysieren, denn der Verstand kann Emotionen nicht begreifen: „*Le cœur a ses raisons que la raison ne connaît pas* (Pascal – französisches Sprichwort: „Das Herz hat Gründe, die für die Vernunft unergründlich sind"). Beobachten ermöglicht aber, dass Verstand und Gefühl zusammenkommen und stellt noch andere Wahrnehmungen fest, die jetzt nicht mehr nur im Körper, sondern vielleicht auch im Raum unmittelbar um den Körper herum vorhanden sind. Eindrücke, die man einerseits kaum festhalten kann und die andererseits dennoch real sind.

Es handelt sich um ein Umschalten in einen subtileren Modus, um ein Zulassen von Zuständen und Reaktionen, die zwar vorhanden sind, die aber nur mit einem empfindsameren „Apparat" erkannt werden. Sich empfänglich machen in einem wachen, klaren Zustand erleichtert den Vorgang. Präsent und zugleich passiv sein. Noch wacher als im Alltagsbewusstsein, um diese feineren Eindrücke wahrzunehmen.

Um diese Darstellung praktisch umzusetzen, könnten Sie z. B. gerade jetzt – ohne irgendetwas an Ihrer Haltung zu verändern – Ihre ganze Aufmerksamkeit in Ihren rechten Fuß lenken und dort verweilen. Einfach dabei sein und beobachten. Nach einem Moment können Sie Ihr Bewusstsein auf den Bereich um den rechten Fuß herum erweitern und dort ebenso achtsam und präsent sein. Auch wenn Sie tatsächlich mehr und deutlichere Empfindungen im physischen Fuß erspüren, mag es sein, dass Sie auch um den Fuß herum etwas feststellen. Und sollte es nur ganz vage sein, Sie bemerken es, anstatt es zu negieren oder zu verdrängen. Mit der Zeit wird dieses „etwas" deutlicher oder wahrnehmbarer: vielleicht eine sehr leichte Wärme oder ein Pulsieren oder sonst noch eine zarte Rückmeldung. Das ist es. Und das ist ein positiver Anfang, der allmählich den Zugang zu einer differenzierteren Wahrnehmung öffnen wird.

In Kursen und Vorträgen stelle ich die Frage, wie die Aura aussieht, wenn man verliebt ist. Seltsamerweise – oder auch nicht – wissen alle, wie die Ausstrahlung dann erscheint, dieselben Leute, die kurz vorher behauptet haben, die Aura nicht sehen zu können.

Aurabewusstsein heißt auch, ein sanftes Gespür pflegen für die Präsenz von Menschen, Tieren und Pflanzen, aber auch für die Schwingung von Mineralien, von Räumen, von Gebäuden, von Stadtvierteln, von Städten und Ländern. Aurabewusstsein bedeutet Wissen und Erfahren einer subtilen Realität, die neben der grobstofflichen Welt besteht und deren Existenzen sich überlagern. Ihre Wahrnehmungen können dabei von einem schwachen Erblicken der Energie, wie Hitzeflimmern auf dem Asphalt oder Lichtstrahlen bis hin zu Farben (silbrig, gräulich, aber auch rosa, bläulich, vielleicht gelblich) reichen.

Genießen Sie die Entdeckerfreude. Vielleicht haben sie aber auch nichts gesehen, sondern dafür etwas gespürt oder fast geahnt … mehr dazu später.

1.7 Die Welt der Subjektivität

Wir entfernen uns von den Wegen der Wissenschaft und der sogenannten Objektivität, um die Welt der Subjektivität und der Intuition zu betreten.

Manche werden ihre Mühe haben: „Bilde ich mir ein…?", andere zweifeln: „Kann ich das?"

Ziel und Übung, Gelassenheit und Beabsichtigen (im Gegensatz zu Wollen) werden eine sanfte und sichere Verstärkung der persönlichen Wahrnehmung bewirken.

Die Quantenphysik beweist, dass unsere Weltanschauung und unsere Erwartungen unsere Wirklichkeit prägen und beeinflussen. Der Pessimist zieht düstere Ereignisse in seinem Leben an und sieht dadurch seine Meinung und seine Einstellung bestätigt. Der Optimist wird dagegen beglückende Lebensumstände erschaffen und sie auch so deuten. Die Welt verhält sich als Welle oder als Partikel, abhängig von unserer Betrachtungsweise. Der Film „What The Bleep Do We Know" hat dies auf bildhafte und intelligente Weise dargestellt. Unsere unzähligen Erlebnisse und Prägungen formen unseren persönlichen Realitätsfilter, d. h. das Beobachtete verändert sich durch den Beobachter, was die Frage aufwirft, ob es so etwas wie Objektivität überhaupt geben kann.

In der Welt der Feinstofflichkeit und der Intuition schaffen wir einen beträchtlichen Raum für die subjektiven Eindrücke. Solange diese empirisch untermauert werden, wird ihre Gültigkeit bestätigt. Dann sind sie brauchbar und machen Sinn.

Es gibt viele Zugänge zu einer Wahrheit oder zu einem Status quo. Es geht nicht darum, alles gelten zu lassen, sondern das Wissen, die Erfahrung und die Intuition zu vereinen in einem konkreten Rahmen, in dem einem Menschen geholfen wird.

Es ist bewiesen, dass in allen Entscheidungen und Bereichen (Management, Finanzen, Planung, Notfall …) ein großer Teil der Motivation und Entscheidungen von der Intuition abhängig ist. Die momentane Inspiration, die Einsicht, der Geistesblitz sind die treibenden Kräfte für Erfindungen, Genialität und Kreativität. Würden wir sie erkennen und absichtlich im Alltag und in spezielle Lebensbereiche mit einbeziehen, wären sie weit verbreiteter, und aus der Verdrängung heraus könnten sich diese wertvollen geistigen Werkzeuge entfalten und veredeln und das Erwachen der rechten Gehirnhälfte einleiten.

Auch im medizinischen und paramedizinischen Bereich gibt es nicht immer nur eine einzige Wahrheit. Hauptsache, der Zustand der Patientin verbessert sich. Wer heilt, hat Recht. Also Mut zu Ihrer Subjektivität und Ihrer Intuition! Ein wichtiger Faktor, der die eigenen Ergebnisse deutlich beeinflusst, ist die Einstellung zu sich selbst. Eine positive Haltung, die darin besteht, sich selbst anzunehmen und vertrauensvoll mit der eigenen Intuition umzugehen, wird die positiven Ergebnisse verdoppeln. Im Gegensatz dazu erzielt jemand, der sich unterschätzt und Zweifel an seinen Entscheidungen/Handlungen hegt, lediglich geminderte Resultate.

1.8 Aurawahrnehmung: multisensorische Erfahrung

Im Allgemeinen werden drei Wahrnehmungsformen unterschieden: visuell, auditiv und kinästhetisch. Visuell veranlagte Menschen können leicht visualisieren und sehen mentale Bilder, d. h. sie empfangen und erschaffen visuelle Eindrücke. Auditive Menschen hören dagegen Worte und Töne und können diese mental erzeugen. Kinästhetische Menschen erkunden und deuten die Realität durch innere und äußere Gefühle und Empfindungen. Darüber hinaus gibt es unzählige intuitive Zugänge und Erfahrungskombinationen zur Entfaltung der Hellsinne in Form von Geistesblitzen, Hellwissen, Bauchweisheit, Denken-Fühlen, Träumen und hypnagogischen Zuständen. Die fünf Sinne als Begegnungsorgane mit der realen Erscheinungswelt sind interessanterweise alle im Kopfbereich angesiedelt. Dagegen bezeichne ich die Hellsinne als die Verfeinerung oder die höhere Oktave der Sinne, diejenigen, die uns den Zugang zu den subtilen Ebenen verschaffen. So ermöglicht uns etwa die Hellsichtigkeit das Sehen der Aura, auch wenn sie für andere als unsichtbar gilt.

Die Hellsinne erfahren eine Realität, die subtiler ist als die Manifestationsebene und enthüllen eine „Über"-Realität. Auch in Abwesenheit physischer Eindrücke können die Hellsinne Düfte, Töne, Farben, Präsenzen durch die Kraft der Imagination hervorrufen. So wie die fünf Finger die Einheit einer Hand bilden, wollen wir unsere fünf Sinne zu einem einzigen bündeln. Durch das moderne Leben ist der Mensch zwiegespalten in Körper und Geist, in materiell und spirituell, was ihm eine schizophrene Version des Lebens und der Lebendigkeit von innen und außen verleiht.

Wie soll dieses Wissen im Rahmen der Aurawahrnehmung nun umgesetzt werden? Ausgehend von Ihrem Hauptkanal (der ganz persönlichen visuellen, auditiven oder kinästhetischen Veranlagung, also der Wahrnehmungsfähigkeit, die Ihnen am leichtesten fällt), kombinieren Sie diese mit einem anderen Sinn wie folgt: Üben Sie, den Umriss eines Baumes oder einer Pflanze oder die Aura einer Hand zu sehen. Wenn sich das Sehen eingestellt hat, beziehen Sie einen anderen Sinn mit ein, z. B. den Geruchssinn. Wie duften die Hände, die Pflanze, der Baum? Dann kommt ein weiterer Sinn dazu: Erspüren Sie die Aura mit Ihren „Fühlantennen". Ist sie kühl, zart, schroff, frohsinnig? Und wenn Sie mutig sind, kombinieren Sie noch eine weitere Wahrnehmung, z. B. die auditive. Was sagt der Baum, wie klingt die Hand, was erzählt die Blume? Sie werden denken, dass wir in einer mystischen Dimension, in der Welt der Dichter gelandet sind.

Stellen Sie sich die therapeutischen Vorteile einer solchen Erkundung vor. Die einheitliche Kombination der verschiedenen Elemente ermöglicht eine Bestätigung und eine Verstärkung der einzelnen Sinne, jeder für sich ein Wegweiser, der von anderen Geistführern ergänzt wird, was eine ganzheitliche Wahrnehmung der Aura ermöglicht. Alle sechs Sinne gebündelt verleihen eine tiefere und umfangreichere und klarere energetische Auffassung, die Zweifel ausschließt.

1.9 Die Auratherapeutin

Es macht Sinn, jetzt die Rolle und Kompetenzen der Auratherapeutin zu verdeutlichen und von gewissen Mythen oder falsch verstandenen Aufgaben zu befreien. Sie ist weder Opfer ihrer Begabung, noch allmächtige Heilerin. Ihre Betrachtungsweise verleiht Einsichten in die Beziehung von Therapeutin zu Krankheit und von Therapeutin zu Klientin.

Kein „Blick" ist je neutral, denn er ist immer von der individuellen Ausrichtung gefärbt. Im professionellen Rahmen kann sich schon allein der Zugang zum Gegenüber heilend, belebend, hoffnungsvoll auswirken. Strömt er aber durch ungeeignete Filter zur Patientin hinüber, wird eher Entropie gefördert werden.

Wir unterscheiden sieben therapeutische Sichtweisen. Die therapeutische Situation der Patientin und ihrer Erkrankung wird durch die Perspektive der sieben Hauptchakren betrachtet.

<u>Erste Einstellung</u>: Die Krankheit wird als Feind angesehen, der bekämpft werden muss. Der gesellschaftliche Hintergrund der zu Behandelnden wird miteinbezogen. Ist sie zahlungskräftig? Bringt sie Vorteile mit? Unter Umständen kann die Heilkundige die Behandlung verweigern.

<u>Zweite Einstellung</u>: In dieser Konstellation neigt der Blick der Medizinerin eher dazu, emotional und von der persönlichen Anziehung geprägt zu sein. Macht und sexueller Missbrauch können extreme Auswirkungen haben. Auch der Missbrauch im medizinischen und psychologischen Umfeld wird vermehrt in die Öffentlichkeit getragen (siehe Artikel im „Züricher Tagesanzeiger" vom 26.04.2013).

<u>Dritte Einstellung</u>: Aus dieser Perspektive wird die Krankheit als eine separate Einheit betrachtet, isoliert vom Menschen, sogar unabhängig von seinem Umfeld, seiner Lebensführung, seinen Bedürfnissen, seinem psychischen, spirituellem Zustand usw. „Das ist der Mama-Ca von Zimmer 25". Der Mensch wird sozusagen übersehen, Entstehung und Ursachen der Krankheit werden ignoriert.

<u>Vierte Einstellung</u>: Wenn die Ärztin sich von ihrem „Helfersyndrom" befreit hat, ihre eigene Menschlichkeit zusammen mit ihrer Professionalität in die Praxis mitnehmen kann, ist sie imstande, der Patientin mit einem therapeutischen Blick zu begegnen. Mitgefühl, Verständnis und die eigene Erfahrung des Leidens und der Ohnmacht, des Prozesses von Erkranken und Genesen machen zusammen mit ihrer fachlichen Kompetenz eine wahre unterstützende Heilkundige aus ihr.

<u>Fünfte Einstellung</u>: Die Heilerin mit diesem Schwerpunkt besitzt eine modern eingerichtete Praxis mit den neuesten Geräten. Sie berührt und schaut die Kranke nicht an und hört ihr nicht zu, sondern sie begegnet ihr mit einem mechanischen und technischen Blick. Effizienz ist angesagt. Auch bei der Kommunikation, die mitunter sogar schroff klingen kann: „Sie haben noch drei Monate zu leben."

Dr. Hamer behauptet, die Krebspatientin erlebe zwei Schocks in Folge: Der erste ist das Trauma, das als Ursache für die Krankheit betrachtet wird, der zweite ist der Schock der Diagnose und wie sie angekündigt wird.

<u>Sechste Einstellung</u>: Eine Therapeutin mit dieser Sichtweise wird Menschen als Einheit und ohne vorgefasste Meinung betrachten. Sie lässt ihre Intuition zu und lässt sich inspirieren. Sie heilt durch ihre Präsenz. Die perfekte Verbindung wäre der Zugang zum Menschen über die Empathie und die höhere Inspiration, selbstverständlich untermauert durch theoretische und praktische Kompetenz sowie Erfahrung.

1.10 Die Einstimmung

Wie ein Musikinstrument sollte sich die Therapeutin auf einen erweiterten Zustand einstimmen. Vielleicht hilft Ihnen schon ein kleines Ritual wie das Anziehen eines Kittels, um Ihren Platz in Ihrem professionellen Rahmen einzunehmen.

Es braucht ein wenig Zeit, um bei sich anzukommen und sich auf seine feinstoffliche Wahrnehmung einzustellen; vielleicht gelingt es mit einer Meditation oder einer Entspannungsübung. Es bedeutet abschalten können und ganz präsent zu sein im Augenblick.

Wir dürfen die Umstellung von einer Patientin auf die andere und/oder von einer Behandlung zum Auralesen nicht unterschätzen. Die Modalitäten sind jeweils unterschiedlich, und der subjektive Faktor ist in der feinstofflichen Wahrnehmung von großer Wichtigkeit. Die gesamte Psychohygiene der Behandelnden spielt eine unmittelbare Rolle. Kein Mensch muss perfekt sein, um anderen helfen zu können. Trotzdem bilden eine ausgeglichene Lebensführung, ausreichend Schlaf sowie Ruhe- und Aktivitätsphasen, gesunde Ernährung, Freisein von Süchten und Offenheit für psychologische und spirituelle Einsichten die Grundlage für ein optimales therapeutisches Klima, das die Behandelnde durch ihren Beruf und ihre Berufung erzeugen sollte. Das persönliche Gleichgewicht, das damit auf natürliche Weise angestrebt wird, ist die nachhaltigste Investition und das leistungsfähigste Gerät der Aurapraxis.

Zusätzlich zur alltäglichen Lebenshygiene und zur energetischen Einstimmung empfehle ich eine bewusste Herstellung der Erde-Himmel-Achse durch den Zentralkanal, der der Wirbelsäule entlang fließt. Dieser Lichtkanal, von den Yogis schon vor 4 000 Jahren Sushumna (Ida und Pingala) genannt, wird ins Leben gerufen, in Fluss gesetzt, sobald wir daran denken, also unsere Aufmerksamkeit darauf richten.

1.11 Raumpflege auf feinstoffliche Art

Der Raum, in dem die Auratherapie durchgeführt wird, ist klar, sauber, aufgeräumt und energetisch rein. Ein einfarbiger Hintergrund, am besten eine weiße Wand oder ein schwarzes Tuch, erleichtern die Beobachtung der Aura.

Es gibt hilfreiche Raumsprays und reine ätherische Öle, die das Klima des Raums energetisch reinigen, wobei intensive Düfte durchaus störend wirken können. Auf eine gute, gründliche Lüftung ist zu achten, denn sie sorgt für Sauerstoff und ermöglicht unerwünschten Energien das Verlassen des Raumes. Eine sinnvolle Maßnahme ist auch Räuchern, wenn es in einem vernünftigen Zeitabstand vor der Therapiestunde durchgeführt wird.

Natürliche ätherische Öle und Räucherwerk in bester Qualität, dafür in kleinen Mengen, sind für die energetische Reinigung von Räumen empfehlenswert. Für die Klärung von Praxen eignen sich weißer Salbei und Wacholder. Aus der Palette der Aromen sorgen

Eukalyptus (im Winter) und Süßorange (im Sommer) für ein angenehmes Klima. Eine Mischung aus beiden kann ebenfalls angewendet werden. Eukalyptus wirkt klärend und steigert die Konzentration, gibt klare Sicht zum Erkennen von Zusammenhängen und Lebensgesetzen.

Bergkristalle haben eine Affinität zu Eukalyptus: Zwei Tropfen ätherisches Eukalyptusöl können auf eine größere Bergkristallspitze eingerieben werden. So bleibt der Kristall sauber und intensiviert die psychisch-seelische Wirkung des Eukalyptus im Raum. Die Süßorange verleiht mit ihrem Zitrusduft Leichtigkeit, Wärme und Heiterkeit. Sie öffnet das Herz, macht spontan und nimmt die Angst vor neuen, unbekannten Situationen.

Klärend wirkt der Ton einer Klangschale, von Zimbeln oder von unterschiedlichen Schlaginstrumenten. Ihr Klang muss kristallin, also klar sein. Die energetische Sauberkeit eines Raumes kann zugleich mit einem solchen Klanginstrument getestet werden. Ist der Raum rein, soll der Klang durch seine Wanderung im Zimmer verfolgbar sein und längere Zeit anhalten. Ist der Raum energetisch belastet, wirkt der Klang stumpf, und er wird relativ schnell von den schweren Energien im Raum „geschluckt". Für eine gründliche Reinigung des Raums kann jede Wand von oben nach unten und umgekehrt mit dem Klang gesättigt werden mit der Absicht, dass der Klang die Baustruktur durchdringe. Man braucht dazu nicht auf eine Leiter zu steigen, die Körpergröße der Person und die Absicht, die dieses Ritual durchführt, reichen dazu völlig aus. Klang durchdringt die Wand und befreit sie von belastenden Erinnerungen. Diese vollständige Klangreinigung kann nach Bedarf vier- bis fünfmal jährlich angewandt werden. Ein gründlich gesäuberter Raum ist leichter rein zu halten, was unentbehrlich ist für einen Ort, an dem sich Kranke, Bedürftige oder Menschen aufhalten, die aus dem Gleichgewicht geraten sind, und die von ihren Symptomen oder ihrem psychischen Leid erzählen.

Ein energetisch klarer Raum schafft einen angenehmen Arbeitsplatz für die Ärztin und einen unterstützenden Rahmen für die Patientinnen. Es ist allgemein bekannt, dass sich in Praxen und Krankenhäusern ansteckende Krankheiten verbreiten. Die Übertragung von unheilen Energien, Emotionen und Gedankenformen im feinstofflichen Sinne ist ebenfalls nicht zu unterschätzen und sollte unbedingt anerkannt werden, zumal kranke Menschen oder solche, die sich nicht wohl fühlen, sehr anfällig für niedrige Schwingungen sind.

Salzlampen und Ionisatoren können einen Therapieraum heilsamer machen. Besondere Aufmerksamkeit sollte den Ecken des Zimmers geschenkt werden, denn die schwersten Energien sammeln sich bevorzugt dort an. Eine hilfreiche Möglichkeit, um belastete Schwingungen zu klären, ist der Einsatz meines Aura- und Raumsprays.

In der Tat kann eine Zusammenarbeit mit den eigenen Räumlichkeiten entstehen. Auch sie besitzen eine Aura und eine Art Bewusstsein, die von dem Entwurf, dem Bau, dem Verkauf, dem Besitzer und vom täglichen Ablauf geprägt sind. Im Zentrum des Raumes befindet sich ein Zentralkanal. Wird er durch Visualisation und durch das Bewusstsein, dass er vorhanden ist, aktiviert, dann erhöht sich die Schwingung des Ortes. Sein latentes Bewusstsein wird erweckt, wird intelligenter, und diese Schwingungserhöhung überträgt sich auf die Aktivitäten, die dort stattfinden. Dieser besondere Fokus verstärkt die therapeutische Absicht und Tätigkeit für Klientinnen und Medizinerinnen. Die einen werden besondere Heilerinnen, die Kranken sind empfänglicher für die Heilung.

2. Kapitel

2.1 Bestandteile der globalen Aura

Die Auren entstehen dreidimensional aus der Ausstrahlung der entsprechenden Körper. Die folgende Abbildung ist eine 2D-Version mit schematischen abgetrennten Bändern, die (von innen nach außen) die Äther-, Astral-, Mentalaura aufzeichnen.

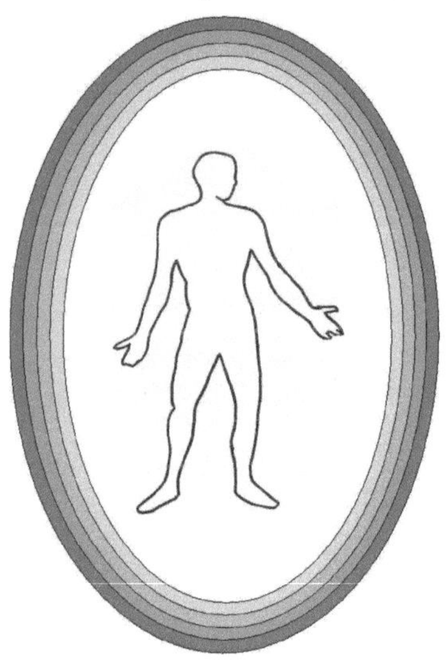

Die letzte Schicht vertritt eigentlich den symbolischen Raum für die zukünftige Entwicklung der drei spirituellen Auren (Kausal-, Christus-, Atma-Aura). Diese Darstellung dient unserem Verständnis und unserer intellektuellen Aufnahmefähigkeit. In der Tat fließen die unterschiedlichen Auraschichten mehr oder weniger ineinander und sind auf keinen Fall fest abgegrenzt, wie das üblicherweise abgebildet wird. Sie gehören zu den Dimensionen der Wirklichkeit, die allerdings sehr subtil sind und nur durch die Hellsichtigkeit und die Imagination zugänglich werden. Durch unsere Absicht können wir uns auf die gewünschte Auraschicht konzentrieren.

Noch eine Besonderheit: Je kleiner der feinstoffliche Körper, desto größer die Reichweite der Aura.

Die Auren speichern spezifische Daten und interagieren mit der Außenwelt. Sie nehmen alle Ereignisse auf und verarbeiten sie auf eine Weise, die entweder die Entfaltung des Menschen unterstützt, sie bremst oder sie behindert. Sie zieht Personen und Situationen im Einklang mit dem Gesetz der Resonanz an.

Die feinstofflichen Körper und Auren sind im physischen Körper durch die Energiezentren geankert: der Ätherkörper durch die Ätherschnur, der Astralkörper mit der silbernen Schnur und der Mentalkörper mit der goldenen Schnur. Sie verleihen dem multidimensionalen Wesen Mensch den Zugang zu den unterschiedlichen Bewusstseinsebenen, z. B. zur Gedankenwelt und zum Reich der Träume.

Es ist unerlässlich, die ätherische Ebene zu klären, zu harmonisieren und wiederherzustellen, denn alle Informationen, ob sie von innen oder von außen kommen, werden im Ätherkörper gespeichert und beeinflussen wiederum entweder den physischen Körper oder die höheren Auraschichten (mental, kausal, Atma). Zu den äußeren schädlichen Einwirkungen zählen unter anderem Vergiftungen, physische Schocks, Prellungen, Frakturen, Schnitte und Verbrennungen. Diese Erlebnisse hinterlassen Verletzungen im Ätherkörper und können eventuell Verschiebungen der Aura hervorrufen, die sich auf die anderen Schichten übertragen.

Aus einer anderen Perspektive überlappen sich karmische, mentale und emotionale Traumata und „landen" im Ätherkörper und in der Ätheraura, die die Informationen dann in den materiellen Körper übertragen. Das ist das Stadium, in dem körperliche Störungen entstehen, noch bevor sie sich im physischen Körper organisch als Krankheit, akut oder chronisch, manifestieren.

Den Ätherleib kann man aufrechterhalten oder wieder aufbauen durch die Durchführung einer ausgewogenen Lebenshygiene, indem man beispielsweise den natürlichen Rhythmus von Ruhephasen und Aktivität einhält, durch Bewegung draußen in allen Wetterlagen, durch lebendige Nahrung und lebendiges Wasser, Sonne und Licht, frische Luft, durch den Kontakt mit geliebten Menschen und Tieren, wobei zwischen beiden ein magnetischer Austausch stattfindet (menschlicher und animalischer Magnetismus), durch körperliche Hygiene, Aufladung mit negativen Ionen am Meer, in den Bergen und im Wald. Diese grundsätzlichen Maßnahmen werden oftmals unterschätzt, obwohl sie überwiegend kostenfrei, leicht und überall durchführbar sind. Werden diese Grundbedingungen nicht respektiert, ruiniert der Mensch sein gesundes Potential, was einen Teufelskreis von Anfälligkeiten und Krankheiten nach sich zieht.

Dieses Grundwissen ist der Leitfaden dieses Kurses. Der Nachdruck wird auf die Pflege, Reinigung und Stärkung des Ätherleibs gelegt. Der große Vorteil dieses Zugangs besteht in der Einfachheit und seiner unmittelbaren Wirksamkeit. Sie brauchen sich nicht auf geheime, unvorstellbare und kaum erreichbare Dimensionen einzustellen. Sie sind sofort in der Lage, Ihre hellsichtigen Fähigkeiten erfolgreich einzusetzen und als Unterstützung und Ergänzung in andere Therapien einzubauen.

2.2 Aurakonturen: Theorie

Auren bilden unsere Schutzhülle. Die Ränder der globalen Aura sind leicht zu sehen und zu spüren. Intuitiv, fast instinktiv, können wir sie rasch wahrnehmen – auch im Alltag. Wir fühlten uns alle schon einmal bedrängt, wenn uns eine Person zu nahe kam und uns Unbehagen verursachte, weil sie regelrecht in unserer Aura stand.

Nun erforschen wir die Grenzen der Aura und führen ein einfaches Streicheln der Aura mit ihren positiven Auswirkungen durch. Idealerweise macht man diese Übung zu zweit im Stehen. Natürlich kann sie auch bei Klientinnen im Sitzen und bei kranken Menschen sogar im Liegen angewandt werden. Diese müssen sich dann unter Umständen umdrehen. Wenn sie die Lage nicht wechseln können, behandeln Sie die vordere Aura von oben nach unten. Der hintere Teil wird dann visualisiert.

Der Sinn und Zweck dieser Konturenpflege besteht darin, die Ränder der Aura zu glätten, zu ordnen und sie von alltäglichen energetischen Unreinheiten zu befreien. Diese einfache Behandlung stellt eine natürliche Pflege der Oberfläche der globalen Aura dar, die die Grenzen des Menschen gegenüber der Welt bildet – eine einfache therapeutische Maßnahme mit tiefer Wirksamkeit, denn dadurch wird die Weisheit der Aura angeregt, und vieles wird in der Patientin im körperlichen sowie im psychischen Bereich geordnet. Wird sie richtig praktiziert (nicht zu schnell, nicht zu nah), wird sie ausnahmslos als angenehm, erfrischend, erholend, befreiend, klärend, beruhigend erlebt. Sie wirkt auch auf eine harmonisierende Weise nach; so fällt es der Hilfesuchenden beispielsweise leichter, ihren Alltag zu bewältigen, sie fühlt sich geschützt oder mehr bei sich.

Durch die Herausforderungen des täglichen Lebens neigen die Aurakonturen dazu, unregelmäßig, undeutlich, zerrupft oder leicht verletzt zu sein. Mangelnde Abgrenzungsfähigkeit und/oder nicht „Nein" sagen können, sind mögliche Ursachen dafür. Der Mensch lässt sich überrumpeln oder fühlt sich von seiner Umgebung überrollt. Vielleicht ist sein eigener Wille schwach und der Kontakt zu seiner inneren Klarheit mangelhaft. Auf Dauer kann dieses Verhalten zu einer gewissen Selbst-Entfremdung führen, was wiederum beeinflussbar macht. Das Bedürfnis, anderen zu gefallen oder stets zur Verfügung zu stehen, kann die Auragrenzen beanspruchen. Mütter, die Tag und Nacht für ihre Kinder sorgen, Menschen, die im Verkauf tätig sind oder andere öffentliche Aufgaben mit ständig wechselndem Personenkontakt erledigen müssen, weisen oftmals unklare Aurakonturen auf. Ein Leben in der Großstadt bedeutet Stress für die individuelle Aura.

Körperpflege und Körperhygiene haben sich nach dem Zweiten Weltkrieg stark verbessert und gehören heute zum täglichen Muss. Aurapflege hingegen ist noch nicht so bekannt. Nichtsdestotrotz kann man eine ungepflegte Aura mit einer groben, rissigen, sogar verletzten Haut vergleichen, die für aggressive äußere Einflüsse (Wasser, Kälte, Hitze, Schmutz) und Bakterien offen steht. Wird die Haut regelmäßig gesäubert, genährt und gepflegt, dann ist sie geschmeidig und gesund und bietet einen wirksamen Schutz für Körper und Organe. Auch die Aura bedarf einer sorgfältigen Pflege, damit sie den ganzen Menschen schützen kann. Das Bewusstsein, dass wir Menschen feinstoffliche Wesen sind, trägt zur ganzheitlichen Gesundheit bei.

Alles im Universum strebt nach Harmonie; der harmonische, gesunde Zustand steht im Einklang mit den natürlichen, kosmischen Gesetzen. Er ist gespeichert in jeder Zelle und in allen Atomen durch die Blaupause. Das Streicheln bzw. das Glätten der Aura erinnert sie an ihr innewohnendes Gleichgewicht, stellt die innere Ordnung und Abgrenzung wieder her.

2.3 Physischer Körper und seine Aura

Beginnen wir mit dem physischen Körper und seiner Aura, die in der Literatur nur selten erwähnt wird. Gebildet von der gesamten Ausstrahlung der Körperzelle, spiegelt sie die Information der Zellerinnerungen wider und wird manchmal mit der sogenannten Gesundheitsaura gleichgestellt.

Der physische Körper ist unser Fahrzeug auf der Manifestationsebene der materiellen Welt, der Welt der festen Materie und der grobstofflichen Substanz, im Gegensatz zu den subtilen oder feinstofflichen Vehikeln, die üblicherweise nicht zu sehen und nicht fassbar sind. Ohne Aura gibt es keinen physischen Leib.

Der materielle Körper entspricht dem saturnischen Prinzip und entfaltet sich im Raum-Zeit-Kontinuum. Er bringt uns den Begriff der räumlichen und zeitlichen Begrenztheit bei und lehrt uns die Lektionen der Geduld und der physischen/materiellen Gesetzmäßigkeiten, von der Erdanziehungskraft bis hin zum Prozess der Genesung, der in dieser Dimension Geduld braucht. Deshalb wird der Mensch in der Heilungsphase „Patient" genannt, aus dem Lateinischen patiens = geduldig.

Regeneration braucht Zeit. Dieser Prozess schenkt uns die Zeit nachzudenken und neu einzuordnen, was zur Erkrankung geführt hat, und hilft uns dabei, eventuell auch Ursachen, Sinn und übergeordneten Zweck der Krankheit zu begreifen und zu verinnerlichen. Möglicherweise führt die Krankheit auch zu einer Infragestellung der persönlichen Identität, zumindest vorübergehend. Aus einem aktiven Zustand kann im Leiden eine passive, machtlose Phase entstehen, die auf einer Abhängigkeit von Ärzten, Pflegepersonal und Familienmitgliedern beruht.

Der materielle Körper empfängt und zieht den Inkarnationsprozess durch. Er ist eigentlich das Endprodukt von allen anderen feinstofflichen Körpern und wirkt wie ein Gefäß für alle Prozesse, die sich auf den höheren Ebenen abspielen, sei es im spirituellen, mentalen, emotionalen oder ätherischen Bereich. Alle Ereignisse, die in den feinstofflichen Dimensionen des Menschen – bewusst oder unbewusst – stattfinden, hinterlassen früher oder später ihre Spuren in der materiellen Dimension des physischen Körpers. In diesem Zusammenhang wäre es sinnvoll, zuerst mit den spirituellen Körpern und Auren zu beginnen und sich erst dann durch die weiteren Schichten zu arbeiten. Das wäre die richtige Reihenfolge. Ich halte mich aber hier an die bekannte Auffassung, mit der sich die meisten Menschen identifizieren, dass wir aus dem physischen Körper bestehen.

Grobstofflich betrachtet bestehen wir aus den vier Elementen Erde, Wasser, Luft und Feuer, die wiederum eine Entsprechung zu den weiteren Rahmen der Materie, der Emotionen, der Gedanken und des Spirituellen aufweisen, wie wir später noch genauer sehen werden. Das Gleichgewicht des physischen Körpers ist von lebendiger Nahrung, reinem Wasser, von sauberer Luft, Hygiene, Bewegung und von den Naturrhythmen abhängig. Sein Ankerpunkt ist das Wurzelchakra.

Durch seine Festigkeit und seine klar abgegrenzte physische Form von anderen Menschen steht die materielle Präsenz für die individuelle Identität. Die Haut als Abgrenzungsorgan sowie unser ganz individuelles Aussehen unterscheiden uns von allen anderen. Die materielle Ebene ist das Reich der Getrenntheit und der persönlichen Verantwortung für die jeweilige Inkarnation. Die Fähigkeit zu manifestieren und zu verwirklichen, wer wir in dieser Welt sind, unser Potential und unsere Bestimmung hier auf Erden umzusetzen, unsere Begabung, mit der materiellen Welt umzugehen, stehen unmittelbar in Verbindung mit dem grobstofflichen Körper.

2.4 Ätherkörper und seine Aura

Der Ätherkörper ist genau so groß wie der physischen Körper. Er ist also identisch mit dem grobstofflichen Körper. Ohne ihn gäbe es keine materielle Erscheinung. Seine Aura ragt leicht aus dem Körper heraus und ist die am leichtesten wahrzunehmende feinstoffliche Schicht, sowohl visuell als auch durch Berührung.

Der Ätherkörper ist die Matrix des materiellen Körpers und bildet die Vorlage für dessen Form, seine Organe, Aussehen und Funktionen sowie für alle Prozesse, die im physischen Körper früher oder später stattfinden und zum Ausdruck kommen werden – seien es normale Entwicklungsschritte wie Körperwachstum und Reifungsphasen oder Energieblockaden und wiederholte Traumata, die sich mit der Zeit in der physischen Gestalt niederlassen und sich dort organisch manifestieren.

Der Ätherkörper und seine Aura fangen auf und speichern alle äußeren wie inneren Eindrücke. Eine Verletzung in Form eines körperlichen Traumas, das die grobstoffliche Struktur beeinträchtigt und z. B. ein Hämatom verursacht, hinterlässt gleichzeitig eine Verletzung im Gewebe des Ätherkörpers, die möglicherweise als leichte Trübung, kleine Beule oder Ausbuchtung wahrnehmbar sein könnte. Ferner empfängt und sammelt der Ätherkörper auch Eindrücke aus den höheren feinstofflichen Körpern, den emotionalen, mentalen und spirituellen Körpern. Ein einmaliger mentaler Schock beim Erhalten einer schlechten Nachricht wird beispielweise vom Ätherkörper unmittelbar registriert, zusammen mit den emotionalen Reaktionen, die die Nachricht begleiten, wie akute Ängste, Gefühle von Ausweglosigkeit und Hilflosigkeit. Diese zeigen sich als motorische Unruhe, Tränen, hoher oder niedriger Blutdruck, Gesichtsblässe oder -rötung, Atemlosigkeit, Hyperventilation … Die Symptome oder Reaktionen, die sich physiologisch und im Verhalten ausgedrückt haben, wurden notwendigerweise durch den Ätherkörper weitergeleitet, wenngleich sie auf anderen Ebenen entstanden sind. Ähnlich, aber über längere Zeit unbemerkt, entfalten sich Disharmonien in den höheren Schichten des aurischen Feldes, die mit sich wiederholenden hemmenden, einschränkenden Glaubenssätzen und unterdrückten Emotionen in Verbindung stehen. Im Alltagsbewusstsein verdrängt und vergessen, werden sie dennoch gespeichert. Mit der Zeit schlagen sie sich auf der entsprechenden Ebene nieder und fließen über bis in den Ätherköper. Dort sammeln sie sich an, bis die Prädispositionen oder latenten Störungen durch innere oder Umwelteinflüsse aktiviert werden (Schocks, Veränderungen, Trennungen, Verlust, Erdstrahlen, ungünstige Lebenshygiene usw.). Diese werden dann zu Auslösern für den Ausbruch einer Krankheit oder irgendeiner pathologischen

Reaktion, die sozusagen geduldig auf die geeignete Konstellation gewartet hat, um sich physisch/materiell zu manifestieren. Das ist der Zeitpunkt, an dem die Patientin deutliche Warnzeichen empfindet, an dem sie merkt, dass etwas nicht stimmt und sich im Normalfall medizinische Hilfe sucht. Diagnostische Untersuchungen stellen etwas fest, was vorher schon längere Zeit auf energetischer Ebene vorhanden war. In den feinstofflichen Körpern haben sich die Disharmonien relativ langsam entwickelt und wären zum großen Teil noch leicht beeinflussbar gewesen, bevor sie sich im festen Leib bemerkbar machten. Im feinstofflichen Stadium haben sie noch keinen Diagnosenamen. Sie sind aber bereits als gehemmter Energiefluss oder regelrechte Blockaden auf den unterschiedlichen feinstofflichen Ebenen (spirituell, mental, emotional) angesiedelt und wahrnehmbar, mit Gewissheit auch auf der Ebene des Ätherköpers.

Der Ätherleib und seine Aura sind auch das Gefäß für die Lebenskraft, das Prana und den Magnetismus. Kraftvolle, charismatische Menschen, die einen wohltuenden Einfluss auf ihre Umgebung ausüben, speichern persönlichen Magnetismus in ihrer Aura, genauer gesagt im Ätherkörper. Diejenigen, die besonders viel Magnetismus in sich tragen, sind von Natur aus mit heilerischen Fähigkeiten ausgestattet. Ist der Austausch mit unseren Mitmenschen geprägt von Zuneigung, Solidarität und Kooperation, wirkt sich dies vorteilhaft auf die Gesundheit und den Magnetismus aus. Auch der von Tieren ausgehende Magnetismus ist wohltuend für den Menschen – und umgekehrt. Unsere Vorfahren wussten das noch und legten deshalb ein Kind, öfters noch ein Haustier, ins Bett eines schwachen, erkrankten, älteren Menschen. Auf diese Weise erfolgte eine au-

tomatische Übertragung der Lebenskraft aus dem gesunden Körper
hin zu dem schwachen. Lebendige Nahrung, ausgedehnte Aufent-
halte in der Natur und Lebenshygiene fördern die Lebenskraft. Be-
wegungslosigkeit, geschlossene Räume, elektromagnetische Strahlungen, tote Nahrung und unreines, mit Chemikalien versetztes
Wasser erschöpfen die Reserven an Lebendigkeit und Lebenskraft
und bieten einen guten Nährboden für pathologische Entwicklungen aller Art.

Der Ankerpunkt des Ätherkörpers ist das Sakralchakra, das im
unteren Bauchbereich, in der Nähe des Tandiem oder des Hara,
angesiedelt ist. In den östlichen Kampfkünsten werden Tandiem
oder Hara als das Zentrum des Menschen angesehen, denn sie stehen für sein grundlegendes Gleichgewicht. Von diesem Standpunkt
aus betrachtet ist der Mensch mit der Erde verbunden. Aber auch
aus der feinstofflichen Perspektive ist die Entwicklung des Menschen mit der Entfaltung des Mineralreichs verbunden. Das ist der
Anteil unseres Wesens, der eine organische Verbindung zu Kristallen und Edelsteinen herstellen und von ihren harmonisierenden
Wirkungen profitieren kann in Form von Auslegungen, Edelsteinessenzen und Auraarbeit mit Mineralien, der Lithotherapie, wie
wir sie verwenden werden.

2.5   Emotionalkörper und seine Aura

Der Emotionalkörper ist kleiner als der Ätherkörper und sitzt
innerhalb des Ätherleibs. Die Emotionalaura hingegen ist größer als
der Ätherkörper und ragt aus dem Äther- und physischen Körper
heraus, sodass der Eindruck entsteht, sie strahle aus dem materiel-

len Körper hervor oder würde ihn zumindest umranden, wie es der Fall ist, wenn die Auraschichten zweidimensional in Büchern abgebildet werden. Eigentlich strahlt sie aus dem Emotionalkörper heraus und umhüllt die gesamte Gestalt der Äther- und physischen Körper mit ihren wechselnden Farben und Flecken. Das ist es, was diejenigen Menschen fasziniert, die ihre hellsichtigen Fähigkeiten entwickeln. Jedoch ist die Aura nicht gleichzustellen mit Farben, wie es des Öfteren von Laien vertreten wird.

Die Welt der Empfindungen, der Gefühle, der Triebe, der Affekte, der Emotionen hat ihre Niederlassung im Emotionalkörper. Seine Funktion besteht darin, das Gefühlsmäßige zu unterscheiden und zu filtern, natürlich nicht unabhängig vom Menschen, sondern gerade durch sein eigenes Streben nach Harmonie, Gleichgewicht mit sich und mit der Welt, durch das Kultivieren von Emotionen, die die Seele anheben und das Herz öffnen, wie sie in der Kunst, in der Natur, in der Kontemplation gefördert werden, aber auch durch angenehme Gesellschaft, wohltuende Umgebung, inspirierende Tätigkeiten und den Austausch. Sich von Kummer, Angst, Neid, Gewalt und anderen groben Empfindungen leiten zu lassen, wirkt sich hingegen als energetisch nach unten ziehend, schwächend für das Selbstwertgefühl und auf das Immunsystem aus, denn alle Ebenen sind miteinander verbunden. Die Gesetzmäßigkeiten der Resonanz, die von Anziehung ähnlicher Schwingungen oder Emotionen handeln, sind in diesem Rahmen besonders deutlich zu beobachten. Eine freundliche Lebenseinstellung zieht vorwiegend offene und großzügige Menschen und Situationen an. Eine pessimistische oder feindliche Grundeinstellung wird von der Welt bestätigt durch unglückliche Begegnungen und Begebenheiten. Diese Spiegelungen finden nicht nur in der äußerlichen Welt statt, sondern auch durch die Anziehungskraft des Emotionalkörpers und seiner Aura in der Dimension der Astralwelt, die entweder das lichtvolle Gemüt mit entsprechenden Visionen nährt oder die schwere Laune mit trüben inneren Qualen füllt.

Während des Schlafes trennt sich der Emotionalkörper vom physischen und begibt sich in die Welt der Träume oder in die Dimensionen der unterschiedlichsten Aufgaben, sei es der Heilung, des Lernens, der Einweihung oder des Dienstes. Die verschiedenen Beschäftigungen werden von der individuellen Seele festgestellt, abhängig davon, ob der Mensch Heilung benötigt oder sich in einer Lernphase befindet, die außerhalb des materiellen Lebens stattfindet. Wiederum kann es sein, dass die Person imstande ist, irgendwo auf der Erde zu helfen, auch wenn sie beim Aufwachen nichts mehr davon weiß. Dafür fühlt sie sich aber gerädert, als hätte sie die ganze Nacht geschuftet – was sie tatsächlich getan hat – aber im Emotionalkörper. Im Licht dieses Wissens kann man nicht deutlich genug betonen, wie wichtig die Verfassung ist, mit der man einschläft: Leichte und friedliche Gemütszustände begleiten uns im Schlaf und steuern zu auf ähnliche Erlebnisse in der astralen Dimension, die mit dem Emotionalkörper – auch Astralleib genannt – in Beziehung stehen. Im Gegensatz dazu finden geplagte und unzufriedene Gefühle beim Einschlafen Resonanz in der unteren Astralebene, die getrübte Empfindungen beherbergt und erzeugt.

Der Emotionalkörper beinhaltet alle Varianten von Emotionen und Gefühlen. Die Welt der Emotionen ähnelt dem Element Wasser, nämlich seiner veränderlichen Qualität und seiner ständigen Bewegung, außer sie wurde durch die Praxis der Meditation so ruhig und ausgeglichen, dass sie durch die erreichte Stille den Mond reflektieren kann. Ansonsten ist der Emotionalkörper gerne in Bewegung, und der Umgang mit seinen gefühlsmäßigen Ausdrucksweisen hält uns beschäftigt.

Gefühle werden manchmal als chaotisch und störend empfunden oder es gibt eine übermäßige Identifikation mit den emotionalen Reaktionen wie Verdrängung oder Unterdrückung. Bisweilen wird es vordergründig so ausgelegt, als bestünde der Mensch nur aus Gefühlen.

Die Welt der Emotionen ist ein sehr wechselhafter Bereich – wie das bereits angesprochene Wasser, das ganz unterschiedliche Strukturen und Eigenschaften annehmen kann: Schnee, Eis, Meerwasser, Süßwasser, warm, kalt, kochend, lauwarm. Diese Qualitäten können wir vorteilhaft zusammen mit der Beobachtung der Aura nutzen, um einen befreienden Effekt in der Praxis zu erzielen. Gefühle können auf eine reaktive Haltung hinweisen, wenn unsere „Knöpfe gedrückt" werden. Ein weiterer wertvoller Aspekt der Gefühlswelt liegt in der Intuition, dem Bauchgefühl: „Ich habe ein gutes Gefühl bei etwas, ein Vorahnen oder die gefühlsmäßige Bestätigung eines Vorhabens."

Der Emotionalkörper drückt sich aber auch in seiner Kommunikation mit der Pflanzenwelt und dort vor allem in der Kommunikation mit den Bäumen aus, den in der Flora am weitesten entwickelten Gewächsen.

Der grüne Daumen ist eigentlich ein Bezug zwischen Mensch und Pflanze durch den Emotionalkörper. Zahlreiche Studien wurden von Cleve Backster seit 1966 durchgeführt, um zu beweisen, dass Pflanzen über Emotionen verfügen und gefühlsmäßig die Absicht eines Menschen erspüren können, etwa wenn er beabsichtigt, Blätter oder Zweige abzuschneiden oder die Pflanze wegzuwerfen. Es ist eine durchaus erfreuliche Erfahrung, die Aura einer Pflanze beobachten zu dürfen, die sich in der Nähe von jemandem, der eine grundsätzlich liebevolle Offenheit dem Leben gegenüber hat, ausdehnt. Anhand dieses aurischen Kontaktes zwischen Mensch und Pflanze (d. h. deren Emotionalkörper) bin ich sofort imstande, die Offenheit einer Person dem Leben gegenüber festzustellen und vor allem seine Gemütslage zu eruieren.

Noch eine Aufgabe des Emotionalkörpers darf hier nicht unerwähnt bleiben. Die Sympathie oder die Affinität, die Faszination oder auch die Anziehungskraft, die wir für Menschen empfinden, die eine wichtige Rolle in unserem Leben spielen, wird durch den Emotionalkörper gesteuert, denn er zieht Menschen, aber auch Ereignisse an, die für unsere Entwicklung notwendig sind.

Begegnungen mit bestimmten Personen, geographischen Orten, Ländern oder Kontinenten, die eine bedeutsame Rolle in diesem Leben spielen, können unter Umständen karmische Zusammenhänge haben. Diese Konstellationen entsprechen Abmachungen auf der Seelenebene vor der Inkarnation, damit Lernaufgaben erfüllt werden und Gleichgewicht wieder hergestellt wird. Balance wird erzielt unmittelbar in Verbindung mit Lernaufgaben, und tiefere Einsichten werden gewonnen. Der Emotionalkörper stellt durch das Prinzip der Resonanz die gefühlsmäßige Anziehung und Verbundenheit her, sodass Kontakt geschaffen wird und sich gemeinsame Arbeit oder Beziehung entwickeln kann.

Der Ankerpunkt des emotionalen Vehikels ist im Solar Plexus, wo die Gefühle, die E-motion-en, uns unmittelbar in Motion, in Bewegung versetzen.

2.6 Mentalkörper und seine Aura

Der Mentalkörper ist kleiner als der Emotionalkörper und befindet sich innerhalb des letzteren im physischen Leib. Die Mentalaura strahlt aus dem Mentalkörper und ragt außerhalb der Emotionalaura dreidimensional um den physischen Leib herum. Er entspricht der Welt der Gedanken. Aufgeteilt ist er in zwei Ebenen. Die untere Mentalebene entspricht mit seinem kompulsiven Denken, mit seinen Vorurteilen, seinen Werten, seinen Glaubensätzen und Konditionierungen dem Alltagsdenken: „Ich muss dies und das erledigen, dann zur Bank ...". Auf dieser Ebene wird der gedankliche Inhalt als festes Gerüst betrachtet und nicht in Frage gestellt. Das ist die Welt des Diktats von außen, sei es seitens der Familie, Schule, religiöser oder politischer Gemeinschaften oder der Konditionierung durch die Gesellschaft. Das sind auch die überholten und einschränkenden Selbstbilder, die den Menschen auf seiner Entwicklung zurückhalten, bis sie durchschaut werden, was zu einer Befreiung von alten Mustern führt. Auch der Intellekt, solange er festen, vorgelegten Schablonen folgt, ist hier angesiedelt. Das ist die Ebene der vorgefertigten Meinungen, die Daten ansammelt und allgemeine „Wahrheiten" übernimmt und verinnerlicht, ohne sie zu hinterfragen und persönlich zu überprüfen. Das ist die Welt des Menschen, der denkt, wie er denken „sollte".

Auf der höheren mentalen Ebene findet sich dagegen die Welt des Nachdenkens und des Überlegens, die Welt der Introspektion und der Erkenntnis, die die mentalen Konstruktionen reflektiert. Neue Einsichten können aus dem individuellen Pfad entstehen und zu einer persönlichen Weltanschauung führen. Fantasie und kreatives Denken, das Erarbeiten von Lösungen, Erfindungen und die Welt der Imagination eröffnen neue neurologische Verbindungen, sodass die berüchtigten 10 % der genutzten mentalen Fähigkeiten der Menschheit vermehrt werden. Der Zugang zur höheren mentalen Ebene wird erreicht durch die Beruhigung und zum Teil der „Stilllegung" der niederen mentalen Aktivität, denn diese neigt zu ständiger Bewegung und Wiederholung, vergleichbar mit Ratten in einem Käfig, die unaufhörlich in alle Richtungen laufen und sich ruhelos beschäftigen. In manchen Fällen sind bestimmte Gedanken so hartnäckig, dass sie nicht einmal ungestörte Nachtruhe ermöglichen. Das sind überwiegend negative Gedanken und Drehbücher, die einen wachhalten und sich gegen das Loslassen des Tagesbewusstseins sperren. Aber auch Alltagsdenken, ständige Auseinandersetzung mit Überlebensthematiken, Müdigkeit und eine problemorientierte Veranlagung lassen keinen Platz für Reflektion oder den Blick hinter den Spiegel der „Wirklichkeit". Dem Bedürfnis abzuschalten wird leider durch das Einschalten des Fernsehers bei gleichzeitigem Aktivieren eines hypnotischen, passiven Zustands entgegengewirkt.

Meditation, Kontemplation und erweitertes Bewusstsein sowie schöpferische Momente und Tätigkeiten gestatten eine Entschleunigung des Gedankenflusses. Allmählich lassen die reinen rationalen Vorgänge nach und verschaffen den höheren mentalen Prozessen eine Zwischenfläche, wo sie ihre kognitiven Meander fließen lassen können und somit kreativ, originell und eigentümlich Neues erschaffen in allen Bereichen, ob wissenschaftlich, spirituell oder praktisch. Kommt die niedrige mentale Ebene dann endlich zur Ruhe, wird sie zum stillen Spiegel der inneren Regungen, die durch die Höheren Dimensionen konkret werden in Form von Bildern, Botschaften und anderen symbolischen Impulsen.

Kreativität wird geboren aus der Fähigkeit, „Altes" oder bestehende Einheiten auf eine originelle oder neu überdachte Weise zu gestalten. „Neu" im Sinne von individuell geprägt aus einer frischen Perspektive.

Etwas anderes, das hier ebenfalls richtiggestellt werden sollte, ist die Tatsache, dass Gedanken nicht im Kopf und auch nicht in der mentalen Aura entstehen, sondern dass sie aus den kognitiven Dimensionen angezogen werden.

Der Ankerpunkt des Mentalkörpers befindet sich auf der Ebene des Herzchakras und entspricht der Aufgabe, das Animalische im Menschen zu integrieren und zu transzendieren. Es gilt Liebe zu verstehen bzw. einzusehen, dass es einem nur gut gehen kann, wenn es auch allen anderen gut geht, dass wahres Glück kein egoistisches Anliegen, sondern Allgemeingut ist, dadurch, dass alle Wesen miteinander verbunden sind. Das bedeutet auch, uns nicht nur um uns nahestehende Personen wie beispielsweise Familienmitglieder und Freunde zu sorgen, sondern Mitgefühl für alle Menschen zu entwickeln. Ist das Bewusstsein erst einmal so weit entwickelt, dann entfaltet sich diese empathische Fähigkeit auch für unbekannte Menschen auf der anderen Seite der Welt, denen wir nie begegnen werden. Darüber hinaus öffnet sich das Herz in diesem Entwicklungsstadium auch für andere Wesen, für Tiere und für lebendige Wesen aus anderen Reichen – irdisch und außerirdisch.

Unsere Kompetenz, als Mensch eine Verbindung mit Tieren einzugehen, entsteht einerseits aus dem emotionalen Kontakt, den wir deutlich fühlen können, andererseits aus der mentalen Beziehung, die wir insbesondere zu Haustieren wie Hunden, Katzen und Pferde entwickeln. Sie sind seit Urzeiten treue Begleiter des Menschen und haben eine Entwicklungsstufe erlangt, die der niederen mentalen Ebene in ihren Anfangsstadien entspricht. Grundsätzliche Telepathie mit diesen Wesen ist daher selbstverständlich. Strategisches und hinterlistiges Denken existiert bei Tieren nicht. Sie empfangen aber deutlich den „Grundton" oder die Qualität unser Gedanken – teilweise durch Bilder, die sich in Bewegungsansätze übertragen. Sie sind ihrerseits wiederum imstande, ihrer Umgebung klare gedankliche Impulse und entsprechende Gefühle mitzuteilen.

2.7 Kausalkörper und Aura

Diese Auraschicht sowie die zwei nachfolgend beschriebenen sind bei der Mehrheit der Menschheit noch nicht entwickelt. Abgebildet als eine dreifaltige Flamme über dem Sonnengeflecht verkörpern sie die weiteren Entfaltungsphasen des Menschen und zeigen sich gelegentlich in außerordentlichen Zügen bei denjenigen, die fortgeschrittene Fähigkeiten besitzen.

Die Erinnerung an vorherige Leben oder auch der Zugang zu besonderen Begabungen oder zu einem Wissensschatz wie bei Wunderkindern oder bei hoch begabten Künstlern und Gelehrten sind ein Hinweis auf eine eher entwickelte kausale Ebene. Kein

Mensch ist ein unbeschriebenes Blatt. Wir tragen unbewusst Schicht über Schicht von Erfahrungen aus unzähligen früheren Existenzen in uns. In der Regel bilden sie Informationen, die wie Muster auf einer Festplatte gespeichert sind. Die Prägung bezieht sich weniger auf alltägliche Einzelheiten als vielmehr auf grundsätzliche konzentrierte Denk-, Fühl- und Handlungsmuster, die sich ähneln und miteinander verbunden oder sogar gebündelt sind, sowie mit den Folgen, die sie in den unterschiedlichen Inkarnationen nach sich gezogen haben. Sich wiederholende Themen sind da häufig anzutreffen, bis sie gelöst und gemeistert werden. Es gibt auch Erfahrungen, die möglicherweise eben in dieser gegenwärtigen Inkarnation bearbeitet und vervollständigt werden wollen. Das sind die karmischen Aufgaben, die im jeweiligen Leben auftauchen, entweder als positive Veranlagung oder als Laster, das bewusst entwirrt werden will, um endlich Befreiung oder Erlösung zu erlangen, damit auf dem Pfad der Entwicklung weitergegangen werden kann. Das ist eine schematische Darstellung der karmischen Gesetzmäßigkeiten, die aber nützlich ist für den Alltag und auch für die therapeutische Situation. Wichtig ist es, sich daran zu erinnern, dass kein Mensch nur „schlecht" oder nur „gut" ist, und dass jeder auch über positives Karma verfügt. Karma, richtig verstanden, hat nichts mit Bestrafung, sondern mit Ausgleich und Meisterschaft zu tun.

Negatives Karma bildet sich vorwiegend durch schmerzhafte oder frustrierende Erfahrungen, die sich wiederholen. Gelegentlich treten sie auf wie eine Reihe von überholten Erlebnissen, die die Aufmerksamkeit der Klientin und der Therapeutin durch Symptome oder ungeeignete Lebenssituationen anzieht. Sie sehen aus wie ein

Knäuel an Verstrickungen, die oftmals bis in die Kindheit zurückreichen, was selbstverständlich ist, denn die ersten sieben Jahre unserer Existenz prägen die gesamte Inkarnation. Aber es ist kurzsichtig, nur in der kindlichen Phase zu verharren, denn die Kindheit ist ganz einfach und logisch die Fortsetzung des vorherigen Lebens oder genauer gesagt, der letzten Jahre des letzten Lebens.

Positives Karma kann sich durch ausgeprägte Begabungen ausdrücken oder durch eine gewisse Reife der Seele und der Intuition. Weisheit, vorhandenes Wissen und Talente, die nicht zur Zeit dieser Inkarnation gelernt worden sind, sondern die der Mensch weiß, ohne sie jetzt gelernt zu haben, sind ein Zeichen des Mitgebrachten. Eine erhöhte aktive Intuition ist auch von der Gewissheit begleitet, dass das Leben ewig ist, und dass wir nicht alleine im Kosmos sind.

Außer dem Karma und der Erinnerung an frühere Existenzen und das transinkarnationelle Wissen begegnen wir auch medialen und intuitiven Kanäle sowie weiter entwickelten Sinnen wie Hellsehen, Hellhören, Hellfühlen, Hellriechen und Hellschmecken. Diese höheren Kanäle der Intuition bilden die feinstoffliche Verbindung zwischen der Seele und den Lichtwelten während der Inkarnation. Richtig verstanden können sie auch als Kanäle zur persönlichen Entfaltung fungieren. Sie öffnen den Weg zum Lebensplan und zum eigenen Credo. Sie sind die Leitung zum Lebenssinn, zur Lebensaufgabe und Lebenslektion, zur Welt des Lichts, zum Überbewusstsein und zum unsterblichen Ich. Reich an Wissen und Weisheit aus vorangegangenen Leben bedient sich der Forscher der Inspiration aus dem großen Pool der universellen Bibliothek. Gerade dort knüpfen der wahre Künstler, der wahre Wissenschaftler und der wahre Erfinder an, um Eingebungen zu empfangen. Das ist die Welt der kreativen Intuition, der neuen Perspektiven und, jenseits der zeitlichen Grenzen, der Erinnerungen, die die Zukunft neu gestalten wie die Inspiration aus der lemurischen oder der atlantischen Wissensquelle.

Das innere Gewissen prägt den Kausalkörper und die Aura, aber auch die Fähigkeit, die innere Stimme deutlich zu vernehmen. Das kann zum Ausdruck kommen durch innere aber auch äußere Zeichen, durch Telepathie und durch eine hörbare Stimme im Kopf, was nicht gleichzusetzen ist mit den pathologischen, plagenden Stimmen der Schizophrenie.

2.8 Christuskörper und seine Aura (auch Buddhakörper genannt)

Im latenten und hoch konzentrierten Zustand pulsiert der Christuskörper im Zentrum der physischen Erscheinung über und hinter dem Solarplexus. In seinem embryonalen Aspekt stellt er die ganze Liebesfähigkeit des Universums dar, die im menschlichen Potential im jeweiligen Entwicklungsstadium zum Ausdruck kommen kann.

Das ist die Ebene der bedingungslosen Liebe. Nicht der Romantik des Alltags und auch nicht der falsch verstanden bedingten Zuneigung, nach dem Motto „Ich mag Dich, wenn Du so bist, wie ich Dich haben will!", oder „…wenn Du tust, was ich von Dir will!". Es ist auch nicht die Summe an Nettigkeiten, die wir geben und empfangen, sondern die tiefe überpersönliche Liebe, die uns dazu motiviert, das Menschliche im Menschen, das Lebendige im Tier, in der Pflanze, im Planeten Erde sowie im Himmel zu achten und deren

Essenz als göttlich zu erkennen. Das ist die allumfassende Liebe, die nicht mehr unterscheidet oder unterteilt, sondern die tragende, verbindende Urkraft, die alles zusammenhält, sei es die Planeten im Himmel oder die Zellen im Körper. Liebe als Bindemittel der Schöpfung motiviert jede Bewegung, auch wenn dies nicht so zu erkennen ist. Alles ist im ewigen Fluss der Entfaltung und der fraktalen Ausdehnung des Bewusstseins. Meditation und Gebet nähren die spirituellen Körper, die aus den drei höheren Körpern – Kausal-, Christus/Buddha- und Göttlicher (Atma)Körper – bestehen.

Der Christuskörper ist im Stirnchakra geankert und bildet das Potential des Engel-Menschen, der seine Entwicklung fortsetzt.

2.9 Göttlicher (Atma-)Körper und seine Aura

Zusammen mit den beiden vorgenannten Körpern bildet er den ewigen menschlichen Aspekt, der immer wieder inkarniert, auch in anderen Dimensionen. Das ist die universelle Präsenz, die in der Kontemplation jenseits der Worte erfasst wird. Diese Ebene braucht ebenfalls Nahrung oder Input, was dadurch geschieht, dass sich der Mensch mit seinem spirituellen ewigen Aspekt auseinandersetzt. Sind die höheren Körper verhungert, schrumpft die Seele in einer egoistischen Selbstbezogenheit in die Vergessenheit und in allmähliche Bewusstlosigkeit.

Im siebten Chakra geankert, fördert der göttliche Körper den göttlichen Menschen.

Die Auraarbeit fokussiert sich auf die drei beziehungsweise vier ersten feinstofflichen Körper, die den aktiven Zustand der aufwachenden Menschheit vertritt.

3. Kapitel

3.1 Kosmotellurische Verbindung

Die Aura besitzt zwei Öffnungen.

Die erste Öffnung im unteren Bereich der globalen Aura verbindet uns mit den tellurischen Energien und intensiviert die Erdung und unsere Beziehung zur Erdanziehungskraft. Ist diese Verbindung harmonisch, fühlen wir uns wohl in unserem Körper.

Die zweite Öffnung im oberen Bereich der globalen Aura verbindet uns mit den kosmischen Energien. Sie steht für den Ausdruck unserer spirituellen Dimensionen. Ist diese Verbindung harmonisch, geht es unserer Seele gut.

Der Mensch ist auf keinen Fall eine abgetrennte, abgekapselte Einheit, sondern eine einzigartige, vielschichtige Wesenheit, die ständig in Verbindung mit dem Kosmos, der Erde sowie mit allen anderen Wesen steht.

Die Ursache vieler Beschwerden und Krankheiten beruht auf der Tatsache, dass der Mensch nicht mehr in die Natur eingebettet ist. Dadurch verkümmert seine Lebens- und Regenerationskraft.

Kosmische Energien bestehen aus hochfrequenten Mikro-Partikeln aus dem Kosmos, also von Sonne, Mond, den Planeten, den Sternen, der Milchstraße usw. Sie werden durch die Ozonschicht und das Magnetfeld der Erde gefiltert, gesteuert und weitergeleitet. Die Wirkung des magnetischen Feldes der Erde hat in den letzten 10 000 Jahren um 30 % abgenommen; die Löcher in der Ozonschicht erlangten traurige Berühmtheit. Dies hat zur Folge, dass gegenwärtig wesentlich mehr kosmische Strahlen und Partikel auf der Erde ankommen als je zuvor, was zu einer Bewusstseinsveränderung der Menschheit beiträgt. Je mehr Licht und Photonen die Erde erreichen, desto deutlicher wird sichtbar, was vorher verborgen war und was Heilung benötigt. Besondere astrologische Konstellationen, die vor Tausenden von Jahren zum letzten Mal aufgetreten waren, folgten in den letzten Jahrzehnten dicht an dicht. Gemeinsam mit Mondfinsternissen und Sonnenwinden beeinflussen sie die unter- bis überbewussten Schichten des Menschen.

Der moderne Stadtbewohner verbringt den größten Teil seines Lebens in geschlossenen Räumen, in denen die Atmosphäre belastet ist von elektrischen und elektronischen Einflüssen, von giftigen Bausubstanzen, von Klimaanlagen oder von beheizter Luft. Plastik, Beton, Metall bilden seine Umgebung – ein Faradaykäfig, arm an negativen Ionen, den „Luftvitaminen". Er scheut die Sonne, hat Angst vor der Natur. Die elektromagentischen Strahlen, die EL-Frequenzen (extremely low frequences) und die Auswirkung der Chemtrails behindern die Entwicklung der Zirbeldrüse und der höheren Chakren, auch derjenigen, die sich über dem Kopf befinden. Der moderne Mensch trägt Schuhe mit Plastiksohlen, die den Austausch mit den Erdenergien abblocken. Er meidet das Barfußgehen und das Tautreten. Dieser Mangel an Erdung beeinträchtigt jedoch den Prozess des Inkarnierens und macht leicht manipulierbar. Die Fähigkeit, menschliche Individualität in der Welt zum Ausdruck zu bringen, ist geschwächt, Lebenswille und Lebenslust nehmen ab, bis im extremen Fall die Diagnose „Depression" gestellt wird.

Beim kosmotellurischen Zusammenhang geht es nicht nur um die Öffnungen zum Kosmos, zum Himmel und zur Erde, sondern auch um den energetischen Fluss von oben nach unten und umgekehrt. Oft ist dieser behindert, und Blockaden in der Mitte, z. B. auf der Ebene des Solar Plexus, erschweren den energetischen Austausch. In so einem Fall ist der Mensch entweder abgehoben und kommt mit dem materiellen Leben nicht zurecht, oder er ist gefangen in einem erbärmlichen Materialismus, der ihm den Blick nach innen und nach oben versperrt. Alles im Universum ist polarisiert und beinhaltet einen Pluspol – beim Menschen im oberen Kopfbereich – und einen Minuspol im Fußbereich.

3.2   Feinstoffliche Anatomie und die Elemente

Als Ansatzpunkt für diese Arbeit, die die Elemente, das kosmotellurische Gleichgewicht, Temperament, Mineralien und feinstoffliche Anatomie miteinander verbindet, benutzen wir den physischen Körper. Diese Basis dient uns als zuverlässige Orientierungshilfe, wenn sich die hellsichtige Wahrnehmung noch im Entwicklungsstadium befindet, und wir nutzen ihn als wertvolles Sprungbrett, um nachhaltig Zusammenhänge ausfindig zu machen.

Der Körper teilt sich in vier Sektoren, die in Verbindung mit den vier Elementen stehen.
Physische Ebenen, bestehend aus vier Unter-Ebenen:
- Fester, solider Körper: mit dem Element Erde verbunden
- Flüssigkeiten: mit dem Element Wasser verbunden
- Gase: mit dem Element Luft verbunden
- Äther: mit dem Element Feuer verbunden
Diese Einteilung und die verschiedenen Entsprechungen sind hilfreich, um die Somatisierung einzuordnen und die Klientin auf geeignete, ganzheitliche Weise zu beraten.

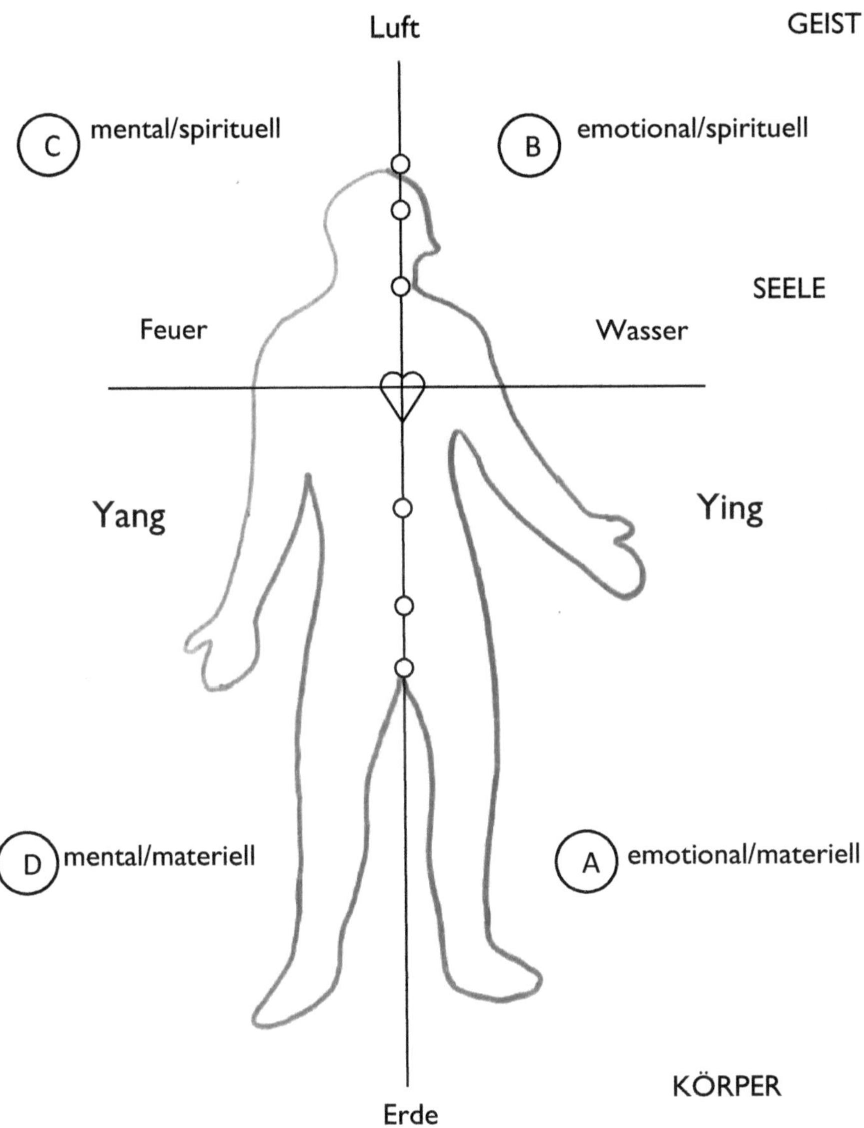
Luft
GEIST
C mental/spirituell
B emotional/spirituell
SEELE
Feuer
Wasser
Yang
Ying
D mental/materiell
A emotional/materiell
KÖRPER
Erde

Dem unteren Körperteil ist das Element Erde, dem oberen die Luft zugeteilt, die rechte Seite des Menschen entspricht dem Element Feuer, die linke dem Wasser. Die rechte Seite des Körpers steht für den männlichen oder den Yang-Aspekt, d. h. der aktiven, nach außen gerichteten (extrovertierten) Anteile, unabhängig davon, ob es sich um einen Mann oder eine Frau handelt. Die linke Seite des Körpers entspricht sowohl beim Mann als auch bei der Frau dem weiblichen oder Yin-Aspekt, also den eher passiven, empfänglichen, introvertierten Anteilen.

Teilt man den menschlichen Körper in vier Sektoren ein, so finden wir den spirituellen Aspekt im Körper herzaufwärts, den materiellen herzabwärts, den mentalen Sektor auf der rechten, den emotionalen auf der linken Körperhälfte. Ist man sich dessen bewusst, lassen sich interessante Zusammenhänge und tiefere Einsicht in die Ursachen von Krankheit erkennen. Klientinnen berichten beispielsweise über wiederkehrende Probleme in derselben Körperregion, wie etwa Zahnschmerzen, oder sie stoßen sich ständig dieselben Gliedmaßen an oder brauchen vielleicht chirurgische Eingriffe im selben Bereich.

Ergänzend zu den theoretischen Erkenntnissen werden auch einige Natur- und Halbedelsteine zur praktischen Hilfestellung angeboten:

Element	feinstofflicher Körper	kosmotellurische Energien	Temperamente
Erde	physischer Körper	Erdenergien	Phlegmatiker
Wasser	emotionaler Körper	Mondenergien, weibliche Energien	Melancholiker
Luft	drei spirituelle Körper	kosmische Energien	Sanguiniker
Feuer	mentaler Körper	Sonnenenergien, männliche Energien	Choleriker

Die kosmotellurischen Energien wurden bereits im Zusammenhang mit dem Zentralkanal erklärt. Mond und Sonne prägen die Yin- und Yang-Aspekte des menschlichen Temperaments. Die Elementenlehre wird traditionell auf allen Kontinenten vertreten. Die vier Elemente Erde, Wasser, Luft und Feuer sind als Grundsubstanzen alles Lebendigen und alles Toten, alles Organischen und allen Anorganischen anerkannt. Jeder Mensch besitzt diese vier Komponenten und deren Anteile auf ganz persönliche Dosierung in sich.

Der Phlegmatiker ist gut geerdet, vielleicht „zu gut" und erscheint unter Umständen tollpatschig, ein wenig schwerfällig; eventuell fehlt es aber an Leichtigkeit und „Finesse", und er neigt zu dickem Blut und isst gerne rotes Fleisch. Möglicherweise hat er rote Wangen und einen zu hohen Anteil an Erythrozyten. Ein Mensch, dessen Anteile ERDE stark vertreten sind, ist oftmals auch sehr materialistisch veranlagt. Seine Aufgabe besteht darin, seine LUFT-Dimension zu entdecken und somit seinen spirituellen Aspekt zu entfalten.

Der Melancholiker hat womöglich Probleme mit dem Lymphsystem, Tränensäcke und Schwierigkeiten mit dem Darm. In seinem Körper ist das Element WASSER stark vertreten und vielleicht sieht er eher aufgeschwemmt und aufgedunsen aus. Die Augen tränen, die Nase läuft, er neigt zu übermäßigem Schwitzen, zu Lymphknoten etc. Die Person mag „nah am Wasser gebaut haben". Ein Mensch, der eher WASSER ist, neigt zu natürlicher Sensibilität und Zärtlichkeit. Seine Herausforderung ist es, seine Dimension FEUER zu erforschen, sodass er seinen mentalen, intellektuellen Aspekt entwickelt.

Der Sanguiniker, traditionell Hysteriker genannt, kann hypersensibel sein und schnelle Reaktionen zeigen, die von außen nicht immer erklärlich sind, sondern eher aus seiner Empfänglichkeit für kosmische Einflüsse herrühren, die sein Nervensystem reizbar und schnell überbelastet machen. Unter Umständen verhält er sich wie ein „Luftikus" und ist nicht immer „ganz da". Ein Mensch, bei dem das LUFT-Element dominiert, ist von Natur aus mystisch veranlagt. Er muss seine Dimension ERDE entdecken,

Der Choleriker oder Galliker kann impulsiv reagieren und sofort „von 0 auf 100 gehen". Durch sein inneres FEUER ist er voller Energie, und das macht ihn unternehmungslustig. Er liebt die Sonne, ist nicht immer tolerant und findet gute Gründe, um sich über etwas aufregen zu können. Manchmal entsteht den Eindruck, er sei zu impulsiv und eher unberechenbar.

Ein Mensch, mit etwas zu viel FEUER, sollte seinen WASSER-Aspekt entfalten, sodass er sensibler und weniger kopflastig wird.

Jeder hat die Aufgabe, diese Komponenten harmonisch zu gestalten und ins Gleichgewicht zu bringen durch Einsicht, Zulassen und Selbst-Meisterung. Mineralien können diese Vorhaben energetisch und pragmatisch wunderbar unterstützen.

Element	Mangel	Überschuss
Erde	schwarze Steine	weiße Steine
Wasser	Mondsteine	Sonnensteine
Feuer	Sonnensteine	Mondsteine
Luft	weiße Steine	schwarze Steine

Wir verwenden schwarze Steine, d. h. sowohl Natursteine, die Sie am Strand oder am Wegrand sammeln können, wie auch schwarze Halbedelsteine wie Turmalin, Obsidian, Gagat. Dies gilt auch für weiße Steine, für die Natursteine ebenso wie für weiße Halbedelsteine wie Milchquarz, Howlit, Magnesit.

Mond- und Sonnensteine sind hingegen nur Halbedelsteine: Zu ihnen zählen Mondstein, Aquamarin, Sonnenstein, Feueropal. Sie dienen zur Harmonisierung der Wasser- und Feuerelemente.

Die Steine können als Trommelsteine am entsprechenden Körperbereich aufgelegt werden, so wird z. B. ein Mangel an Erdenergie ausgeglichen durch einen schwarzen Stein zwischen den Fersen oder unter jeder Fußsohle. Auf ähnliche Weise gleicht der weiße Stein über dem Kopf den Mangel des Elements Luft aus. Natürlich kann der Stein in der Hosen- oder Hemdtasche oder im BH getragen werden. Man kann auch ein Elixier herstellen und trinken. Dafür wird der geeignete Stein über Nacht ins Wasser gelegt. Das mit der Schwingung des Minerals aufgeladene Wasser wird auf nüchternen Magen schluckweise und bewusst getrunken. Zusätzlich kann der Stein auch auf das Foto der Person gelegt oder in der Tasche getragen werden.

3.3   Unsere energetischen Hände

Ich nenne sie ätherische oder feinstoffliche Hände. Unsere Hände sind bei der Auratherapie zusammen mit Kristallen wertvolle Arbeitsmittel. Hier wollen wir ihre energetische Zusammenstellung erkunden und ihre Strahlungskraft anregen. Die Größe des Areals, das in unserem Gehirn für unsere Hände zuständig ist, ist abhängig von der ausgeübten Tätigkeit. So ist beispielsweise in der Topographie des Gehirns eines Pianisten das aktive Areal für die Hände wesentlich größer als bei einem Nicht-Klavierspieler.

Die Handchakren in der Mitte der Handinnenflächen sind Nebenchakren, die konzentrierten Magnetismus und Heilkraft liefern. Sie sind die Werkzeuge der Essener und der christlichen Tradition des Handauflegens sowie anderer Heilmethoden, die die harmonisierende Kraft durch die Hände transportieren wie Reiki, Healing Touch, Polarity Wellness, La Trame und natürlich die breite Palette von Massagetechniken. Dazu zählen auch Arbeitsweisen, die den Körper nicht berühren, sondern nur das aurische Feld wie Auratherapie, Magnetismus, Energiearbeit, Tai-Chi, Qi Gong etc. Bisweilen werden Heilige, Meister, Heiler und Gurus mit eindringlichem Blick und erhobenen Handinnenflächen abgebildet, um gerade diesen Fluss von Magnetismus aus den Hand- und Augenchakren (genauer gesagt Nebenchakren) darzustellen und somit ihre außerordentlichen Heilfähigkeiten zu unterstreichen.

Zu den Händen gehören selbstverständlich auch die Finger. Sie sind die Träger des Magnetismus. Bei begabten Heilern kann sich das Magnetfeld bis zu einem Meter aus den Fingerspitzen ausdehnen.

- Chiromantie (Handlesen) ist die Wissenschaft der Deutung von Hand-, Nägel- und Fingerformen, von Farbe und Beschaffenheit sowie die Deutung der Handlinien. Die linke Hand beinhaltet das Mitgebrachte, das Potenzial und das Latente. Die rechte Hand vertritt die Umsetzung dessen, was ich aus meinen Fähigkeiten mache, das Schaffen und das Erschaffen, wie ich in der Welt auftrete usw.
- Energetisch gesehen ist der ganze Körper in den Reflexzonen der Hand vertreten. Die Meridiane und die Nervenbahnen enden an den Fingerspitzen. Die Handchakren sind mit dem Herzchakra und dem Stirnchakra verbunden, mit der vorhandenen Liebesfähigkeit und der Absichtskraft. Die Fingerabdrücke sind einzigartig; kein Mensch hat je dieselben Fingerabdrücke wie ein anderer. Es lohnt sich, darüber zu meditieren.
- Die Hände stehen in Verbindung mit dem ersten Chakra, sichtbar auf dem „Farbmensch von Aura Soma". In diesem Sinne haben sie zu tun mit Handeln, Konkretisieren, Erschaffen, Kreieren, Manifestieren, Verwirklichen – symbolisch und praktisch gesehen. Sie können auch ein Wegweiser sein und für Geben und Nehmen stehen.

- Sich als Begrüßungsritual gegenseitig die Hand zu geben, ist aus unserer Perspektive energetisch noch bedeutungsvoller als im Alltag vermutet und wahrgenommen.
- Hände und Füße leiten angesammelte nervöse, psychische und elektromagnetische Ladungen aus dem Körper heraus. Sie sollten bewusst eingesetzt werden, um Spannungen abzuführen, die sonst im Körper verblieben. Sie könnten sich in Organen festlegen oder sich in den Extremitäten ansammeln und Ursache von Zittern und unwillkürlichen Bewegungen sein. Durch Barfuß laufen, Anspannen von Hand- und Fußknöcheln sowie Schütteln und unter fließendes Wasser halten, kann ein möglicher Überfluss abgeladen werden.
- Die Ärztin reinigt nach der Aurabehandlung energetisch ihre Hände und Unterarme unter fließendem Wasser mit Hilfe der anderen Hand und ihrer Vorstellungskraft. Zusätzlich werden die Hände ausgiebig abgeschüttelt.
- Bei der Auraarbeit verwenden wir die Hände gelegentlich zum Klatschen, Schnipsen, Streicheln.
- Energetisch betrachtet besitzen beide Hände entgegengesetzte Polaritäten, wobei in der Regel diese Polaritäten sich bei Mann und Frau umgekehrt verhalten. Alles im Universum hat einen Minus- und einen Pluspol. Sogar die verschiedenen Fingerabschnitte sind untereinander und zu den Fingern der gegenüberliegenden Hand gegensätzlich polarisiert, was radiästhetisch leicht nachweisbar ist. Wenn man das weiß, erhält die Gebetshaltung der gefalteten Hände erst ihre vollkommene Bedeutung.

- Eine Hand nimmt die Heilenergie aus dem Kosmos auf, die andere leitet sie in die Aura hinein oder am Körper aus. Eine ist die Empfängerhand oder Antenne, die andere die Senderhand.

Manche Heiler behaupten, dass die Empfängerhand die rechte, die Senderhand die linke ist, z. B. Vicky Wall (Aura Soma). Andere wiederum behaupten genau das Gegenteil, z. B. Dr. Stone (Polarity Wellness). Beide Standpunkte sind innerhalb ihres eigenen Systems vertretbar. Da jeder Mensch individuell ist, liegt es in Ihrem ganz persönlichen Fall festzustellen, welche Hand empfängt und welche sendet. Vertrauen Sie ihrer Wahrnehmung.

3.4 Zusammenarbeit mit Patientinnen

Es mag ungeschickt sein, einen Körperteil (z. B. einen Fuß) abgetrennt vom ganzen Menschen zu behandeln, aber es wäre noch falscher, sich nur auf die Aura zu konzentrieren und den Menschen sozusagen zu vergessen. Zwar kann uns die Aura Informationen liefern, die die Patientin uns nicht mitteilen kann, aber der ganze Mensch steht im Vordergrund und möchte mit einbezogen werden.

Äußerst wichtig ist, dass Sie erklären, was Sie tun, was geschieht und worauf geachtet werden soll. Dies muss mit einfachen Worten und Begriffen und auf eine Weise erfolgen, die der Hilfesuchenden Zuversicht verleiht.
Manche Leute haben Angst vor der Auratherapie, denn sie meinen durchschaut zu werden, schämen sich für eine bestimmte Eigenschaft, eine Tat oder eine Lebensphase, von der sie sich mittlerweile distanziert haben.

Unsere Wahrnehmungsfähigkeiten stehen im Dienste des Menschen, und Auratherapeutinnen sind selbst auch nur Menschen, die auf keinen Fall alles wissen und sehen, sondern Zugang zu energetischen Prozessen haben, die die Heilungsfähigkeit der Klientin deutlich anregen können. Obwohl wir unsere Hellsinne hervorragend entwickelt haben, achten wir dennoch aufmerksam auf folgende physiologische Reaktionen: Atmung, Schwitzen, Veränderung der Hautfarbe (Rötung, Blässe), erhöhter Pulsschlag, Wechseln der Körperhaltung.

Die Patientin wird ermutigt, während der Arbeit an der Aura eine Rückmeldung zu geben, sodass die Therapeutin jederzeit die Harmonisierung anpassen kann. Auf alle Fälle sollte sich die Behandelte jederzeit mitteilen dürfen, sollte eine Reaktion unangenehm sein oder Unbehagen auslösen – aus welchem Grund auch immer.

Es geht niemals darum, all das zu zeigen, was wir gelernt haben. Ein Zuviel an Energiearbeit kann dazu führen, dass das feinstoffliche System durcheinandergebracht wird. In diesem Bereich, wo weniger tatsächlich mehr ist, ist es erforderlich, sich Zeit zu nehmen und behutsam voranzugehen. Eine feinfühlige Zusammenarbeit mit der inneren Weisheit der Aura ist ein echtes Geheimnis.

Nun wollen wir unsere Einstellung den Kranken gegenüber sensibilisieren. Die jahrelange Arbeit mit Menschen führt zu einem Gewöhnungsprozess, der manchmal unser Mitgefühl überlagert. Ärztinnen sehen tagein tagaus bedürftige Menschen, und das wochen-, monate-, jahre- und jahrzehntelang. Für die Therapeutin sind die Hilfesuchenden zahlreich, die Hilfesuchende erlebt dagegen eine einzigartige Situation. Sie möchte nicht das Gefühl haben, lediglich ein Routinefall zu sein. Oft kommen die Menschen von weit her, sind voller Erwartungen, vielleicht voller Ängste und Unsicherheiten. Jeder bringt seine eigenen Erfahrungen mit oder eben den Mangel daran (z. B. beim ersten Mal), hat von anderen etwas erfahren, bringt Erwartungen (seien sie positiv oder negativ), seinen Hintergrund, sein Wissen, sein Unwissen, seine Neurose, seine Projektionen etc. mit in das Treffen.

Wir alle waren selbst schon in der Situation, dass wir eine Ärztin aufgesucht haben. Als Behandelnde dürfen wir uns an diese Erlebnisse erinnern und Verständnis in unsere Arbeit einfließen lassen. Ein wenig „Small-Talk" beim Empfang lockert immer die Situation und zeigt der Klientin, dass sie es auch mit einem Menschen zu tun hat. Eine kurze Einführung oder eine Übersicht über das, was die Person erwartet, einfache Erklärungen mit klarem Vokabular dienen als Orientierung und als Basis für Vertrauen. Die Wichtigkeit einer vertrauensvollen therapeutischen Beziehung wird oft unterschätzt. Aber genau sie ist der Hauptträger des energetischen Austauschs zwischen der Kranken und der Heilerin. Vertrauen, Offenheit, Ehrlichkeit, Authentizität, Präsenz und Kompetenz machen die Hilfesuchende empfänglich für die therapeutischen Maßnahmen. Je besser die therapeutische Beziehung, desto erfolgreicher die Therapie: Die Interdependenz ist vollkommen. Hilfesuchende und Medizinerin bilden eine Einheit; eine Therapeutin ohne Klientin kann ihre Kunst nicht ausüben, und die Patientin bleibt ohne die Hilfe der Ärztin krank. Auf gewisse Weise ergänzen sie sich gegenseitig. Zwischen beiden Personen besteht eine Interaktion, mit der achtsam umgegangen werden muss. Je mehr die Leidende in die Heilbehandlung mit einbezogen wird, umso mehr wird sie sich um Gesundung bemühen und die Verantwortung für sich übernehmen. Sie hat eine Disharmonie in ihrer Körper-Seele-Geist-Einheit irgendwie zugelassen. Wenn sie das kann, ist sie auch imstande, die Harmonie wieder herzustellen. Die Rolle der Heilerin besteht in der Aktivierung der Selbstheilungskräfte der Klientin. „Es sollte ja ein Geheimnis sein, aber ich sage es Ihnen trotzdem. Wir Ärzte tun nichts. Wir helfen und ermutigen lediglich den Arzt in uns", erklärte schon Dr. Albert Schweizer.

Diese Anschauung stärkt die Patientin und befreit die Behandlerin von dem Druck, die Anwesende heilen zu müssen. Diese Beziehung ist so für beide gesünder und ist von Ego- und Machtspielen befreit. Zur eigenen Gesundung beizutragen ist die größte Motivation des gesund werdenden Menschen. Möge eine heilige Zusammenarbeit die Interaktion beider Seiten prägen.

Auraarbeit ist subtil und läuft parallel mit Bewusstwerdung und Bewusstseinsarbeit. Spüren, Wahrnehmen, Erkennen, Beobachten, Steuern sind Aufgaben der Kranken, die ermutigt wird, sich auszudrücken und Rückmeldungen zu geben. Auch wenn das Formulieren nicht immer leicht fällt und die Beobachtung oftmals ungewöhnlich ist, so ist es grundsätzlich von Vorteil, den Menschen aktiv mit einzubeziehen mit Fragen: „Was fühlen Sie jetzt? Lässt der Druck nach? Liegen Sie, sitzen Sie richtig? Wo fließt die Energie, wo nicht?" Fragen wie diese können helfen, die Aufmerksamkeit der Patientin auf ihr Energiefeld zu richten und sie für ihre Reaktion und das Energiebewusstsein zu sensibilisieren.

Die Achtsamkeit bei der Wortwahl hat definitiv auch seinen Platz in der Praxis der Auratherapeutin. Aufrichtig zu sein, ohne den Menschen unnötig zu beunruhigen, ihn zu verletzen oder zu schockieren, ist wichtiger Teil unserer Aufgabe.

Gelegentlich höre ich von feinstofflich orientierten Ärztinnen, dass sie die Symptome ihrer Patienten übernehmen und sich nach der Arbeit schlechter fühlen. Sie ziehen die negativen Energien förmlich an und übernehmen teilweise die Pathologien ihrer Klientinnen. Diese Arbeitsmethode ist nicht empfehlenswert, da sie die Gesundheit der Heilkundigen belastet und im Extremfall ihr Leben verkürzt. Das Leiden wird nur verschoben, ist energetisch sinnlos und bewirkt keinerlei Heilung oder Transformation. Außerdem werden der Kranken die Prozesse Heilung, Genesung, Bewusstwerdung abgenommen, und man nimmt ihr die Gelegenheit, den Prozess umzuwandeln und daran zu wachsen.

Sich von menschlichem Leiden abzuschirmen meint aber nicht, sich zu verschließen und als Ärztin hart und gefühllos zu werden. Im Gegenteil, wir machen uns mitfühlend und durchlässig, sodass die energetische Ladung nicht an uns haften bleibt, sondern abprallen oder hindurchfließen kann, indem wir uns sagen: „Das sind nicht meine Themen." In Fällen, bei denen unsere Empathie so sehr in Anspruch genommen wird, dass dadurch unsere Kompetenzen eingeschränkt werden, sollten wir uns das eingestehen und die Hilfesuchende an eine Kollegin weiterempfehlen. Das kann beispielsweise dann auftreten, wenn bei der Therapeutin die gleiche oder eine ähnliche Problematik wie bei der Klientin besteht und dadurch kein Abstand gehalten werden kann, z. B. bei schweren Traumata oder

Missbrauchsfällen. Die eigenen Grenzen zu erkennen, zeugt von Stärke und Einsicht.

Nachdem die Behandlerin ihr Bestes gegeben hat, beschließt sie die Sitzung mit einem Segen, entweder leise und telepathisch am Ende der Behandlung, oder mit gesprochenen Worten, nachdem die Kranke die Praxis oder den Raum verlassen hat. Der Segen wirkt positiv auf beiden Seiten. Eine andere Möglichkeit bestünde darin, sich am Ende des Tages von jeder Klientin mit einer kurzen Visualisierung zu verabschieden, die diese in perfekter Gesundheit und von besten Lebensumständen erfüllt und in Frieden abbildet. In der Vorstellungskraft wird das Bild dann immer kleiner und entfernt sich, bis sich alle Verbindungen zwischen Therapeutin und Patientin auflösen. Auf diese Weise bleiben die Energien der Kranken auf keinen Fall in der Aura der Heilerin verhaftet und umgekehrt. Die mentale Vorstellung, dass jeder Mensch von seinem Höheren Selbst – man kann es auch Innere Führung, Weisheit oder Innere Instanz nennen – geführt wird, verbindet die Hilfesuchende umso mehr mit der Quelle der Kraft, die ihre Heilung beschleunigt. Vertrauen und Zuversicht begleiten den Segen und die Visualisierung. Auf diese Weise wird diese „gesunde Realität" aktiviert, auch wenn die medizinische Prognose nicht günstig ist, denn allein schon die geistige Absicht öffnet Tore der Heilung, die z. B. spontane Heilung oder tiefe, heilsame Erkenntnisse bewirken kann. Die Auflösung der Bindungen zwischen Ärztin und Patientin löscht karmische Bänder, die notwendigerweise in so einer Beziehung entstanden sind. Das Segnen erinnert die Heilkundige auch daran, dass sie nur ein Auslöser im Prozess der Heilung ist, denn nicht sie heilt, die

Patientin heilt sich selber. Je gelassener sie bleibt, desto empfänglicher ist sie, sich für heilende Impulse und für die Wunder der Heilung und der Selbst-Regeneration der Klientin zu öffnen. Für beide – Medizinerin und Kranke – sind die Folgen des Segnens äußerst wertvoll.

3.5 Aurapathologie

<u>Theorie:</u>
Manchmal zeigt die globale Aura oder eine ihrer Schichten eine Störung, die den Gesundheitszustand unmittelbar beeinträchtigt. Das kann ein Energieleck, eine Verschiebung, eine Aufwölbung oder ein Riss sein.

Löcher und Lecke werden als Energieleere wahrgenommen, Beulen und Ausbuchtungen entsprechen eher einer überflüssigen Energieansammlung, die es auszuleiten gilt.

Jede Störung in der Aura ist erst einmal energetisch, bevor sie mechanisch und physisch wird. Ein Loch oder eine Beule entsteht aus einer Disharmonie auf der Ebene des mentalen oder emotionalen Körpers. Reaktionen in Form von Tränen, Gähnen, Zittern, Lachen, Schluckauf etc. sind hilfreich, um die emotionale Ladung auszuleiten und die globale Aura zu klären und deren Gleichgewicht wieder herzustellen.

Idealerweise ist die globale Aura synchron mit dem physischen Körper. Im gesunden Zustand überlappt der Ätherkörper genau den materiellen und dient ihm als vitale Vorlage. Aurapathologien entstehen aus Schocksituationen, die dazu neigen, sich zu wiederholen. Hier wollen wir den Begriff „Schock" und „Wiederholung" näher definieren:

Ein Schock ist eine Situation, die den Menschen körperlich, emotional oder mental überwältigt. Schock ist nicht gleich Schock. Was für den einen eine Kleinigkeit bedeutet, kann für den anderen bereits eine überwältigende oder vernichtende Situation darstellen.

Es gibt zwei Faktoren, die die individuelle Reaktion beeinflussen. Der erste bezieht sich auf den Umgang mit Alltagssituationen und Dramen, auf Wahrnehmung und Ich-Kraft, auf Tendenzen der Verdrängung oder Unterdrückung etc. Der zweite Faktor betrifft die persönliche Resilienz des Menschen, also wie und wie schnell der Schock im Anschluss an das Erleben verarbeitet wird. Die Langzeitwirkung steht in Wechselbeziehung mit dem Zustand und der Entwicklung seiner feinstofflichen Auren. So ist der Mensch beispielsweise imstande, eine höhere Bedeutung zu erkennen oder er freut sich über die Tatsache, dass er „Glück im Unglück" hatte.

Die Wiederholung von erschütternden Ereignissen steht in Verbindung mit dem Emotionalkörper, der keine Unterscheidungsfähigkeit besitzt, sondern programmiert ist auf neue „aufregende" Situationen, die er automatisch anzieht. Es handelt sich also um die Wiederholung von Mustern. Obwohl die Situationen – oberflächlich betrachtet – unterschiedlich aussehen, stellen sie in Ihrem Kern eine Wiederholung dar, die einen gewissen Suchtaspekt beinhaltet, selbst wenn die Person bewusst diese Lage auf keinen Fall nochmals erleben möchte. Meistens hat sie Mühe, den erneut ablaufenden Aspekt des Ereignisses, der Beziehung, des Unfalls zu durchschauen.

Die Grundlage der Deprogrammierung des Emotionalkörpers erfolgt auf der Erkenntnis und der Einsicht der Patientin, dass sie etwas verändern will und das Bestreben mitbringt, ihre Macht und Kraft wieder auszuüben, d. h. auch Verantwortung für ihr Leben zu übernehmen. Erst an zweiter Stelle kommt die Bereitschaft, Hilfe von außen anzunehmen.

Anders ausgedrückt: Ihr Überbewusstsein zieht die Hilfe an, wenn die erste Bedingung erfüllt ist.

Die Wiederausrichtung der Aura, Arbeit am Rücken, Ent- und Aufladung der Aura stellen die energetische Ordnung wieder her.
Dazu können folgende Mittel unterstützend beitragen:
- Aura-Soma Flasche orange/orange Nr. 26
- Chestnut Bud von den Bach Blüten
- Angelika Nr. 8 von den Lichtwesen
- Ylang Ylang als ätherisches Öl
- Homöopathie

a) <u>Auraverschiebungen</u>
Ungeschützte und ungepflegte Auren reagieren empfindlich auf den Alltagsstress, schmerzhafte oder erschreckende Situationen, Nachrichten und abrupte Veränderungen oder Verluste. Ursachen von Auraverschiebungen können auch Unfälle, Gewalt, und Vergewaltigung sein. Bei jedem Schockerlebnis, egal welcher Art, sind Ätherkörper und Aura unweigerlich betroffen. Diese energetische Beeinträchtigung ist leicht hellsichtig, hellfühlig und anderweilig wahrzu-

nehmen. Die Umgangssprache drückt die verschiedenen Zustände aus, die die Aura befallen können: neben sich stehen, sich überrumpelt oder überwältigt fühlen.

Auch eine Reihe unangenehmer Erlebnisse und dauerhaft überanstrengende Konstellationen führen zur Verschiebung des Ätherkörpers. Sind Körper und Aura nicht mehr synchron, entstehen folgende Symptome:
- Das Nervensystem ist überbeansprucht und man reagiert entweder reizbar oder lethargisch.
- Müdigkeit, Schlaflosigkeit
- Mangel an Konzentration: Es fällt einem schwer, Gespräche zu verfolgen oder die eigenen Gedankengänge zu strukturieren.
- Emotionale Labilität
- Kopfschmerzen, Schwindel, Mangel an Gleichgewicht. Man fühlt sich auf einer Seite schwerer, und man muss immer wieder in die andere Richtung ziehen; ein vergeblicher Versuch, wieder ins Gleichgewicht zu kommen.
- Der Mensch fühlt sich allgemein schlecht in seiner Haut.

Die Aura kann nach oben, nach unten, nach rechts, nach links, nach vorne und nach hinten verschoben sein. Für jede Beeinträchtigung bieten wir therapeutische Vorgehensweisen, die die Aura wieder mit dem Körper synchronisiert, d. h. wieder in Einklang bringt.

b) <u>Auraverschiebung nach oben</u>
Die Person ist abgehoben, eventuell sucht sie eine Flucht in spirituelle Beschäftigungen. Die Erdung fehlt ihr, sie hat den Boden unter den Füßen verloren, ist leicht beeinflussbar. Das materielle, kon-

krete Leben, der Alltag liegen ihr fern. Sie hat Mühe, im Körper zu sein und findet es schwer, sich in die Gesellschaft zu integrieren. Dies kann auch nach einer Narkose oder nach ungeeigneten meditativen Praktiken auftreten.

Harmonisierung geschieht mit Hilfe des schwarzen Turmalins und des Magnetits. Diese können zwischen die Füße gelegt oder als Elixier getrunken werden. Dazu wird der Stein über Nacht in Wasser gelegt und dieses am nächsten Tag schluckweise auf nüchternen Magen getrunken. Die Aura kann auch wie ein langes Schlauchkleid bis zu den Füßen nach unten gezogen werden. Mehrmals nacheinander durchführen, die Klientin beobachten und Rückmeldung erbitten.

c) <u>Auraverschiebung nach unten</u>

Möglicherweise ist die Klientin schwerfällig, selbstbezogen, blickt kaum nach oben. Sie ist materialistisch orientiert und negiert alles, was mit Gefühl, Spiritualität, Mystik und Feinstofflichkeit zu tun hat. Mitunter reagiert sie auf diese Themen aggressiv. Auf Dauer gerät sie in eine Induktionsphase und verweigert Transformation und alles, was ihren Zustand verbessern könnte (Veränderung, Lösungsansätze). In extremen Fällen kann ihr Verhalten selbstzerstörerisch sein und eine Art Nihilismus setzt ein: „Nichts ist wichtig, alles ist egal."

Harmonisierung durch Psychotherapie, Zitrin und Bergkristall sowie Selenit.

d) <u>Auraverschiebung nach rechts</u>

Die rechte Seite steht für die Yang-Seite, das Männliche, fremde Männer, den Vater und andere männliche Familienmitglieder (Großvater, Sohn, Enkelsohn), Nachbarn, Mitarbeiter und Autoritätspersonen. Schock oder Konflikte mit diesen, aber auch Schwierigkeiten, die männlichen Aspekte im Inneren anzunehmen, sind Zeichen für eine Auraverschiebung nach rechts. Das Ergebnis sind männlich wirkende Frauen und Machos. Jemand mit Rechtsverschiebung neigt zur Kopflastigkeit, hat Mühe mit Gefühlen umzugehen und es fällt ihm schwer, seine Sensibilität auszudrücken.

Der Granat harmonisiert den männlichen Aspekt und dessen Ausdruck. Bergkristallspitzen auf der linken Seite mit nach außen zeigenden Spitzen ziehen die Aura zurück zur Mitte. Es ist auch möglich, die Aura zurückzuschieben und sie auf diese Weise wieder zu synchronisieren.

e) <u>Auraverschiebung nach links</u>

Auf der linken Seite finden wir die Yin-Seite, das Weibliche, die Mutter. Die Verschiebung nach links verweist auf eine Konfliktsituation mit weiblichen Wesen, sei es in der Familie, mit Freundinnen oder weiblichen Autoritätspersonen. Die Patientin erwähnt des Öfteren, sie habe häufig Schwierigkeiten, Enttäuschungen oder Streit mit Frauen in ihrem Leben erlebt.
Die Linksverschiebung steht in Zusammenhang mit Menschen, die zu Überempfindlichkeit und starken emotionalen Reaktionen neigen. Sie sind in ihrer Handlungsfähigkeit eher gebremst und haben Mühe,

rational zu denken. Es besteht ein Konflikt mit den eigenen weiblichen Aspekten.

Lapislazuli und Aquamarin harmonisieren die Yin-Seite und deren Ausdruck. Bergkristallspitzen auf der rechten Seite ziehen die Aura wieder in ihre Mitte. Auch hier ist es möglich, die Aura an ihren angestammten Platz zu schieben und sie auf diese Weise wieder zu synchronisieren.

f) <u>Auraverschiebung nach hinten</u>

Bei dieser Konstellation mangelt es an Selbstvertrauen und Antrieb. Die Angst vor Fehlern, Unsicherheit, das Gefühl von Ausweglosigkeit und Zukunftsängste charakterisieren dieses Bild. Heutzutage leiden viele Menschen unter der Verschiebung nach hinten, weil sie sich von „der Krise" hemmen und beeinträchtigen lassen. Eine schlechte Nachricht oder mehrere schlechte Nachrichten, die das bisherige Weltbild zerstören (großer Verlust, Todesfall etc.) sowie physische Schocks (Autounfall mit Schleudertraumata) können diesen Zustand auslösen.

Bei der Behandlung steht die Therapeutin hinter der Patientin und schiebt sorgfältig aber bestimmt die Aura nach vorne. Häufig gibt die Behandelte eine positive Rückmeldung, sobald die Aura wieder eingeklinkt ist.

Es kann durchaus vorkommen, dass der Energiekörper nach einigen Tagen oder Wochen wieder nach hinten rutscht, vor allem dann, wenn die psychologische Beratung und Unterstützung unzureichend sind oder gar fehlen. Folgende Selbsthilfe kann der Mensch mit Verschiebung nach hinten selbst durchführen: Er wählt einen gesunden, kraftvollen Baum und nähert sich diesem sehr achtsam rückwärts. Nach Bedarf das Prozedere noch einmal wiederholen. In der Tat renkt sich so die Aura auf diese Weise wieder in der Mitte ein.

g) <u>Auraverschiebung nach vorne:</u>

Die Aura geht voraus und reagiert, bevor die Person sich überlegen kann, was sie sagen oder tun will. Der Mensch mit dieser Verschiebung wirkt eher impulsiv, extrovertiert und übermäßig selbstsicher. Seine Umgebung fühlt sich überrumpelt und reagiert darauf entweder aggressiv oder mit Rückzug. Die Klientin wiederum versteht die Reaktion ihrer Mitmenschen nicht, denn eigentlich ist sie gar nicht so sicher, wie sie erscheint. Sie eckt an, ohne das Fehlerhafte ihres Verhaltens zu begreifen oder einzusehen. Im Gegenteil, sie fühlt sich ihrerseits von der Außenwelt unverstanden und gestresst und kann letztlich nicht adäquat handeln. Je unsicherer sie wird, desto schroffer agiert sie. Das Missverständnis zwischen Innen und Außen vergrößert sich und ein starker Leidensdruck entsteht. Stellt ihr die Ärztin die Diskrepanz zwischen ihrem Leiden, ihren Verhaltensweisen und der Reaktion der Außenwelt vor Augen, reagiert sie dankbar, weil sie sich endlich selbst verstehen kann und sich verstanden fühlt.

Mit großer Sorgfalt schiebt man die übermäßig nach vorne geschobene Aura nach hinten. Dabei ist besonders auf die Rückmeldung der Behandelnden zu achten, da frontale Arbeit unangenehm oder konfrontativ wahrgenommen werden kann.

Auch bei dieser Pathologie ist die Selbsthilfe mit dem Baum, wie zuvor beschrieben, empfehlenswert, nur dass man in diesem Fall achtsam vorwärts auf den Baum zugeht, bis sich die Intuition einstellt, dass man wieder gleichmäßig von der Aura umgeben ist. Dem Baum seine Absicht mitzuteilen, auf telepathische Weise oder mit gesprochenen Worten, kann die Zusammenarbeit mit ihm zusätzlich intensivieren.

h) Aura-Inversion

Infolge eines großen emotionalen Schocks oder das Erleben einer vernichtenden Situation steht die Aura auf dem Kopf. Das ist eine extreme Lage, die unbedingt professionelle Hilfe erfordert, sowohl psychologisch als auch energetisch.

Um den Körper herum legt man einen Kreis aus nach innen gerichteten Kristallspitzen. Mit einem Generator-Kristall, einem großen Kristall (geschliffen oder mit Naturspitze), werden die Spitzen im Uhrzeigersinn verbunden. Die betroffene Person bleibt so lange innerhalb des Kreises liegen, bis sie aus eigenem Impuls heraustreten möchte. Falls nötig, das Prozedere einige Tage später wiederholen.

i) Beulen, Aufwölbungen, Verletzungen, leere Stellen

Beulen weisen auf eine Schlackenansammlung hin, die eine Aufwölbung in der Aura verursacht, ein Übermaß an gestauter Energie, die nicht im Fluss ist. Die Grund kann auf der Ebene der mentalen oder der emotionalen Aura liegen, wenn z. B. ein Glaubenssatz behauptet, man dürfe sich bei der Arbeit nicht beschweren. Die Person nimmt jede Menge an Aufgaben an, ohne ihre persönlichen Grenzen zu berücksichtigen. Die Überforderung wächst, die Kräfte lassen nach und ihre Chefs und Kollegen laden ihr immer noch mehr Bürden auf. Sie wehrt sich nicht und verdrängt ihre Emotionen, um ja alles zu schaffen. Der „Man darf ja nicht"-Gedanke ist der Ursprung der Ansammlung an emotionalen Schlacken in der Emotionalaura, der die Ätheraura und früher oder später den physischen Körper in Mitleidenschaft zieht.

Kleinere Beulen werden leicht und unauffällig mit dem Aurastreicheln entfernt, größere mit dem Kristallbad weiter in Fluss gebracht. Große Aufwölbungen werden schlussendlich (nach dem Aurastreicheln und dem Kristallbad) mit einer Extraktion entfernt. In vielen Fällen ist eine körperliche Massage als begleitende Therapie wünschenswert. Die Durchblutung wird aktiviert und das im Blut vorhandene Prana löst die negative Ansammlung auf.

Im Gegensatz zu Beulen gibt es auch dünne oder leere Stellen in der Aura, wo die Beschaffenheit mit abgetragenem Gewebe vergleichbar ist: Hier herrscht ein Mangel an Energie, was im Anfangsstadium mit Körper- und/oder Aura-Massage und Kristallbad noch zu beheben ist. Sind die dünnen oder leeren Stellen in der Aura bereits älter, können sie sich zu Rissen und dadurch auch zu Energielecks entwickeln. Das ist es, was manchmal als Löcher wahrgenommen oder allgemein so bezeichnet wird, was für die meisten Menschen – auch wenn sie über kein feinstoffliches Wissen verfü-

gen, alarmierend klingt. Ich vermeide prinzipiell das Wort „Loch"
und bevorzuge eine differenzierte Beschreibung.

j) <u>Energieleck und Risse</u>

Aus dem mehr oder weniger zerrissenen Auragewebe kann ein
Energieverlust resultieren. Es können mehrere kleinere Risse vorhanden sein, etwa rings um den Bauch und um die Hüften auf der
Ebene des zweiten Chakras, wo vieles verdrängt wird. Abhängig-
keitsthematiken, unbewusste Themen spielen sich „unter der Gür-
tellinie" ab. Da sieht man nicht selten kleine Energiebrunnen. Bei
größeren Energielecks fließen Lichtbündel aus der Aura heraus,
mehr oder weniger trübe Rinnsale, wodurch Lebenskraft verloren
geht. In diesem Fall klagt die Patientin über Müdigkeit, gar über
Erschöpfung, die nicht mehr mit Ruhe, Schlaf und Aufbaumittel zu
beheben ist; und wenn sie so behandelt wird, dann erzielt man damit keine dauerhafte Wirkung.

Kleine Energielecks werden behandelt mit guter Erdung, durch
den Einsatz von Mineralien und Kristallen, Vitaminen, negativen
Ionen und die Behebung der Ursachen.

Größere Aurarisse entstehen meistens über einen längeren
Zeitraum durch wiederholte Schocks, die „eingesteckt" werden,
und zwar immer wieder an derselben Körperregion, und die, wenn
erst einmal geschwächt, die „Schläge," emotional oder physisch,
anziehen.

Um diesen Prozess zu verstehen, ist es notwendig zu wissen, dass
jede Auraschicht unterschiedlich ist und bei Mann und Frau umgekehrt polarisiert ist:

	Mann ♀	Frau ♂
Ätheraura	+	-
Emotionalaura	-	+
Mentalaura	+	-
usw.		

Durch die Depolarisierung der einen Schicht gerät die innewohnende Ordnung der Aura aus dem Gleichgewicht und überträgt sich auf die nächste Auraebene, sodass die Reihenfolge + - + - + gestört wird und beispielsweise folgendes Ergebnis gibt + - - - +, wobei ähnliche Polaritäten sich abstoßen und gegensätzliche sich anziehen. Die Depolarisierung ist die Ursache für Risse und Energielecks. Behandelt werden sie mit spezifischen Mineralien, Kristallarbeit, Auramassage und entsprechender körperlicher und psychischer Unterstützung.

k) Verletzungen

Jede körperliche Verletzung überträgt sich auf ihre feinstoffliche Schablone im Ätherkörper. Schläge, Verbrennungen, Brüche, Eingriffe und andere Gewalteinwirkungen hinterlassen Flecken im Ätherkörper, der alles als Erinnerung speichert.

Um vollkommene Genesung zu erreichen, macht es Sinn, beide Körper – den feinstofflichen und den physischen – zu behandeln und zu harmonisieren.

4. Kapitel

4.1 Aura Scanning

Ein Aura Scanning erfordert Konzentration und Fokus. Entscheidend sind die geistige Einstellung und der Umgang mit den eigenen Fähigkeiten. Die Bereitschaft, empfänglich und gelassen und gleichzeitig wach und fokussiert zu bleiben, kann für den westlichen Menschen eine gewisse Herausforderung darstellen.

Die Beobachtung des natürlichen Rhythmus des eigenen Ein- und Ausatmens führt unweigerlich zur Entspannung. Sich selber durch Zweifel, Ungeduld, Beurteilen unter Druck zu setzen, wirkt eher hemmend auf die Begabungen. Die mentale Vorstellung „wie es sein sollte" ist ungeeignet, dagegen wird eine rezeptive Haltung im Sinne einer „wachen Passivität" bevorzugt. Dies erweckt die Fähigkeit, sich für Wunder zu öffnen. Feine Wahrnehmung subtiler Veränderungen in jedem Augenblick ist das Ziel unserer Beobachtung.

Am Anfang der Übung kann es sinnvoll sein, sich mit seiner eigenen Intuition und feinstofflichen Wahrnehmung zu verbinden und sich am Ende über Erlebtes zu freuen und Dankbarkeit auszudrücken. Wenn Sie diese Verbindung herstellen, machen Sie sich klar, dass Sie sich an einen Aspekt Ihres Wesens wenden, der über den Zugang zu allem Wissen verfügt. Auch wenn er jahrelang brachlag, dieser Anteil ist jederzeit abrufbar und kann mit regelmäßiger Übung angeregt werden.

Die Aufmerksamkeit, die Sie mit Absicht auf Ihren Körper oder auf die Aura lenken, ist vergleichbar mit einem Spotlight, das alles sichtbar macht, was wir wissen müssen, um der Patientin zu helfen. Sie können sich auch vorstellen, dass Sie den Röntgenblick besitzen, der alles durchschaut.

Es ist von Vorteil, die Aufmerksamkeit auf ein Ziel zu lenken, jedoch ohne sie dadurch einzuschränken. Folgendes soll erläutern, was ich hier meine:

„Ich möchte die Ursachen dieser Disharmonie erfahren."

„Ich richte meine Hellsichtigkeit auf die Schilddrüse und die damit zusammenhängenden Systeme." Es existieren nämlich mehrere Möglichkeiten oder gar eine Konstellation von unterschiedlichen Ursachen und Auslösern. So würde ich bei einer Schilddrüsenpathologie zuerst das Chakra und dann das gesamte endokrine System in Betracht ziehen.

Eine ganzheitliche Betrachtungsweise beim Scanning bezieht die Zusammenhänge des gesunden und des pathologischen Zustandes mit ein, z. B. durch folgende Einstimmungen: „Ich mache mich empfänglich für das schwache Kettenglied der Organe von Frau Soundso", oder „Auf die Weisheit des Körpers oder der Aura vertrauend, öffne ich mich für die anatomischen und energetischen Verbindungen dieser Pathologie." Diese Einstellung ist offen und schafft Raum für inspirierte Diagnostik und Heilungsmöglichkeiten.

Wenn Sie die Bestätigung einer Diagnose durch Scanning beabsichtigen, achten Sie bitte darauf, dass Sie sich frei machen von der festen Meinung, dass Sie wüssten, worum es bei dieser Kranken gehe, sonst werden Sie durch Ihre Voreingenommenheit den Scanningvorgang beeinflussen. Machen Sie sich so „leer" wie möglich. Selbstverständlich haben Sie Erfahrung, Wissen und durch Analysen belegte Studien. Das alles ist wertvoll und hat seine Berechtigung. Das Scannen liefert Ihnen aber einen völlig anderen Zugang, wenn Sie das Wissen der linken Hemisphäre ruhen lassen und sich für die intuitiven, ganzheitlichen Eindrücke der rechten Seite aufnahmefähig machen. In einer solchen Situation sage ich mir: „Ich weiß nichts", „Ich habe keine Ahnung" und vergleiche mich mit einem weißen Blatt Papier. Dieses Nichtwissen bezieht sich auf mein Ego und den Anteil, der zu wissen meint, nicht auf mein Höheres Selbst.

Es empfiehlt sich, das Scanning erst einmal mal bei sich selbst zu üben. Ein weiterer Grund dafür liegt darin, dass die Neigung zur Projektion oder Verschmelzung mit der Klientin nahe liegt. Ungeübte Praktizierende stellen eine Störung beim Gegenüber fest, die eigentlich bei ihnen selbst vorhanden ist. Um diese Verwechslung zu vermeiden, werden – wie vor jeder Übung – die mittlere Säule und der Auraschutz aktiviert, sodass ich bei mir selbst bleibe und mich nicht mit der Patientin identifiziere, was sehr leicht geschehen kann. Je ausführlicher ich das Scanning bei mir durchgeführt habe, umso besser kenne ich meine eigenen energetischen Strukturen und kann sie deshalb von denjenigen meiner Klientin unterscheiden.

4.2 Körperreise

Wie schon beim Scannen rate ich auch hier dazu, die ersten Übungen zuerst bei sich selbst vorzunehmen. Achten Sie bitte darauf, dass Sie sich „leer" machen und das Innere Ihres Körpers unvoreingenommen beobachten, unabhängig davon, was Sie schon über sich wissen oder schon medizinisch analysiert haben. Das Wissenschaftliche darf in dem Fall das Intuitive nicht vorprägen und somit die Vision in einer „erwarteten" Schiene unbewusst erzwingen. Wenn das Intuitive das Wissenschaftliche bestätigt, ist es hervorragend, aber die Bestätigung als Ausgangspunkt nach dem Motto „Ich will meine Diagnose mit meinen feinstofflichen Fähigkeiten unter-mauern", verzerrt das Bild. Eher umgekehrt können die intuitiven Wahrnehmungen von den wissenschaftlichen Untersuchungen be-stätigt und gleichzeitig die Hellsinne geprüft und gestärkt werden.

Die Körperreise ist vergleichbar mit einem inneren Scanning. Ver-setzen Sie sich in einen entspannten Zustand. Stellen Sie sich vor, Sie sind, was auf Englisch ein „medical sensitiv" genannt wird. Sie machen sich aufmerksam und empfänglich für alles, was auf Ihrer inneren Reise von Interesse sein mag. Sie machen sich so klein, dass Sie die feinsten Äderchen und kleinsten Winkel ihrer Organe bereisen können. Beginnen Sie mit dem Kopfbereich, dann folgen Hals, die rechte Schulter, Oberarm, Unterarm und die Hand. Ihre Beobachtungen führen Sie durch den linken Arm, den Thorax, das Zwerchfell und das Abdomen. Dann folgen die Beine und die Füße. Nach dieser ersten Schau dringen Sie in die verschiedenen Körper-systeme ein und halten das Ergebnis Ihrer Beobachtungen anschlie-ßend fest.

Nehmen Sie sich Zeit, und arbeiten Sie exakt. Verwenden Sie al-le Ihre Sinne: Wie fühlt sich dieses Organ an? Wie sieht das Gewe-be aus? Wie riecht es? Ist es gesund, zu feucht, verzerrt? Sie wer-den im Laufe Ihrer Erkundungen allmählich einordnen und deuten können, z. B. welcher Geruch oder Klang ein Vorbote einer Dis-harmonie ist oder welches Zeichen zeigt, dass die Selbstheilungs-kräfte aktiviert sind. Das sind ihre persönlichen Zeichen, die es Ihnen ermöglichen, Ihre individuelle Leseart der physiologischen Prozesse zu deuten und zu verstehen.

Eine andere Version des Scannens besteht darin, sich von einem bestimmten Organ oder System anziehen zu lassen und diesen Körperbereich als Ausgangspunkt Ihrer Reise oder als Priorität für Ihre Aufmerksamkeit zu bezeichnen.

Am Ende der Körperreise kommen Sie zu sich zurück, trennen sich von der Patientin und ihren Energien und finden Ihre normale Größe wieder. Wenn Sie es möchten, können Sie sich bei Ihrer Intuition bedanken.

Sofern Sie mit einer Klientin arbeiten, nehmen Sie in geeignetem Abstand Platz, sodass Sie außerhalb ihrer Aura sitzen oder stehen. Verwenden Sie Ihren Fokus, wie Sie es bei sich gemacht haben, und schließen Sie das aurische Feld mit ein. Fegen, Streicheln Sie es mit Ihrer Aufmerksamkeit in seiner Gesamtheit. Mit Ihrer Absicht können Sie dann Ihren Fokus auf die unterschiedlichen Auraschichten ausrichten und einstellen.

Das innere Sehen kann nach Bedarf gesteuert werden, sodass es so tief reichen kann wie erwünscht, sei es im Körper oder in der Aura. Sie sind imstande, die Oberfläche des Organs von außen zu beobachten, Sie können aber auch seine innersten Winkel in Einzelheiten bereisen.

Zusätzlich verfügen Sie über einen mikroskopischen Blick oder ein Zoom. Somit gelingt es Ihnen, Verunreinigungen, Risse oder schwaches aurisches Gewebe zu entdecken.

Verzichten Sie bitte auf das Aura-/Körperscanning und die Körperreise, wenn Sie müde, überarbeitet und unkonzentriert sind, weil unter solchen Umständen das Scanninggerät, das ja Sie selbst sind, nicht optimal funktioniert. Die Gefahr zu projizieren, was man sehen will, die eigene Pathologie beim Gegenüber wahrzunehmen oder die Disharmonie der Klientin zu übernehmen, ist groß.

4.3 Mechanismen des Inneren Sehens

Die interne Vision ist die Fähigkeit, in die verschiedenen Aurenschichten, in den Körper hinein und in vergangene Ereignisse zu schauen. Sie ist vergleichbar mit dem Röntgenblick. Dieser Prozess wird angeregt durch die Absicht und den Fokus, unterscheidet sich aber vom Visualisieren.

Visualisieren ist ein willentlicher Vorgang, wobei Bilder, Formen und Farben aus dem persönlichen Erfahrungsschatz ausgewählt werden. Wenn ich mir vornehme einen grünen Apfel zu visualisieren, weiß ich, wie die grüne Farbe aussieht und welche Form die Frucht hat. Dieses Wissen beruht auf meiner Erfahrung. Der Apfel, den ich durch mein inneres Auge wahrnehme, ist eine Mischung aus allen grünen Äpfeln, denen ich in diesem Leben begegnet bin. Ein Grundwissen und eine ursprüngliche sensorische Erfahrung liegen meinem Bild zugrunde. Ein grüner Apfel besitzt auch einen ganz bestimmten Duft, einen Geschmack, eine Beschaffenheit, ein Gewicht, eine Temperatur, allerlei Merkmale, auf die ich zurückgreifen kann, wenn ich vorhabe, die Frucht vor meinem inneren Auge erscheinen zu lassen, obwohl sie physisch nicht in meiner Nähe ist. Ich stelle mir den Apfel vor mit allen mir bekannten Merkmalen oder mit der Eigenschaft, die jetzt angebracht ist. Diese Art Assoziation zwischen Gegenstand und Eigenschaften aktiviert und erleichtert die Aufgabe der Visualisierung für Menschen, denen sie nicht leicht fällt. „Ich kann nicht visualisieren", höre gelegentlich.

„Dann spüren Sie bitte die grüne Farbe, wie sie sich anfühlt oder schmeckt", erwidere ich und gleich wird die Empfindungsfähigkeit aktiviert. Wir leben in einer sehr visuellen Gesellschaft, und mein Hauptkanal ist die Hellsichtigkeit, aber andere Wahrnehmungen (auditiv, olfaktorisch und kinästhetisch) haben durchaus ihre Gültigkeit bei der Auraarbeit.

Im Gegensatz zur Visualisierung gibt es die Begabung, Bilder und andere Eindrücke zu empfangen. Anstatt des aktiven Vorgangs des Wollens geht es hier um eine passive Einstellung, die Farben, Formen, Gefühle usw. empfängt. Ich kann mir durchaus einen grünen Apfel vorstellen, aber er erscheint auf meinem inneren Bildschirm, ohne dass ich ihn durch meinen Willen „erzeugt" habe, sondern er taucht auf aus meinem Überbewusstsein in Verbindung mit der jeweiligen Klientin oder der Situation. Diese Eindrücke können auch eine symbolische oder archetypische Form annehmen. Eine andere Herausforderung entsteht, wenn ich Bilder und andere Empfindungen empfange, die ich nicht auf Anhieb mit einer bekannten Sache verknüpfen kann. Deshalb empfehle ich ausdrücklich eine völlig neutrale Auflistung von Wahrnehmungen, die der Patientin mitgeteilt wird, ohne sie vorschnell zu interpretieren oder durch den persönlichen Blickwinkel zu fälschen.

Soll das innere Sehen mit offenen oder mit geschlossenen Augen durchgeführt werden? – Dazu gibt es keine allgemeingültigen Regeln. Die Auratherapeutin entscheidet in jeder Situation, welche Methode geeignet ist. Manchmal wird die innere Vision mit offenen Augen, aber ohne zu fokussieren, durchgeführt, um zusätzliche

Infos zu erhalten, ein andermal wird man die Augen schließen, um nicht abgelenkt zu werden.

Während der Ausbildung üben wir mit Bildern, die wir assoziieren und kommentieren mit anderen Teilnehmern, was die Hellsichtigkeit und andere Fähigkeiten in guter und lockerer Laune besonders anregt.

4.4   Spezielles Vokabular

Wie bereits angesprochen, fällt es oft schwer, Beobachtungen und Empfindungen in passende Worte zu fassen. Warum ist das so?

- Unsere Sprache wurde hauptsächlich von der und für die logische/analytische linke Gehirn-Hemisphäre geschaffen.
- Die Verinnerlichung, das Bewusstsein des Selbst, das Gewahrsein der inneren Prozesse, das alles wird in unserer Gesellschaft kaum beachtet. Der Mensch muss einfach nur funktionieren.
- Das Hineinspüren ist für viele neu. Neues verlangt eine Umstellung im Denken, im Fühlen, im Zulassen, im Zugestehen ...; man wird sprachlos.
- Die Auratherapie dringt tief in das Wesen ein, und manchmal kommen wir in Kontakt mit unbewussten Schichten oder mit Stimmungen ähnlich der Traumwelt, oder wir geraten in einen hypnagogischen Zustand.
- Denkweisen und intellektuelle Begriffe sind teilweise ungeeignet, um subjektive, onirische, meditative oder Trancezustände wiederzugeben.

Persönliche innere Prozesse brauchen eine individuelle Sprache, um zum Ausdruck gebracht zu werden. Wir verfügen über verschiedene Hilfen, die für beide Seiten – Therapeutin und Hilfesuchende – hilfreich sind. Symbole, Bilder, Assoziationen und Querdenken bringen stockende Beschreibungen in Fluss. Die kindliche, nicht logische Kommunikation wird unterstützt. Die Empfindungen, das „Innenleben" finden auch ihren Ausdruck durch Vergleiche: „als ob …", „wie wenn man…".

Um die Auratherapie bewusst zu praktizieren, ist es wünschenswert, die Klientin aktiv in die Prozesse mit einzubeziehen und sie um Rückmeldung zu bitten: Welche Veränderungen kann sie wahrnehmen, woran erinnert sie der gegenwärtige Zustand, ist ihr noch eine Blockade bewusst, wie fühlt sich der Energiefluss an, lässt die Spannung nach, wie ist der Kopf dabei …? Allein dadurch, dass die Aufmerksamkeit auf eine bestimmte Körperregion gelenkt wird, wird Bewusstsein in einen Bereich hineingebracht, der möglicherweise zuvor vernachlässigt wurde. Die Situation ist vergleichbar mit einem Hausbesitzer, der sich nie in seine Kellerräume begibt. Und so wissen viele Patientinnen nicht, wie sich beispielsweise ihre Füße anfühlen. Werden sie danach gefragt, erhält man die undifferenzierte Antwort: „Normal". Dann kann die Therapeutin einen Impuls geben und sie ermutigen, ihre Beobachtung auf ihre Empfindungen zu richten, ob die Füße warm oder kalt, verspannt oder locker sind. Das verleiht der Klientin Vertrauen, dass die Ärztin keine abgehobenen Aussagen erwartet, sondern Merkmale, die ihr geläufig sind.

Die Begriffe „positiv" und „negativ" sind für Energiearbeit zu vage, dagegen ist die Beschreibung der Qualität der Energie mit Begriffen wie kühl, fließend, gestaut … entscheidend und auch für die Patientin einleuchtend. Unsere Alltagskommunikation beschränkt sich meistens entweder auf allgemeine Oberflächlichkeiten oder auf einen beruflichen, fachlichen Austausch. Beide lassen wenig Raum für individuellen Wortschatz und subjektive Eindrücke. Die Fähigkeit, innere Zustände, seelische Gemütslagen oder subtile energetische Wahrnehmungen zu äußern, wird wenig gebraucht und kultiviert. Es ist entscheidend, die Veränderungen während der Behandlung zu beobachten und zu formulieren, denn sie ermöglichen den Bewusstseinsfluss in einen Bereich, dem nicht genügend Aufmerksamkeit geschenkt wurde, und der dadurch erkrankt oder geschwächt ist. Im Allgemeinen können Frauen ihre Gefühle besser zum Ausdruck bringen als Männer.

Die metaphorische Sprache ermöglicht es der Klientin, sich auf einer unbewussten oder gar einer überbewussten Schiene zu bewegen. Dann klingen die Beschreibungen lyrisch, farbig, sinnlich wie die Worte eines Dichters, der die innere und äußere Dimension zu verbinden vermag. Spezielles, differenziertes Vokabular lässt neue Synapsen im Gehirn und neue Erkenntnisse entstehen und im Bewusstsein und in der Realität des Menschen ankern. Auch wenn der Schwerpunkt der Aura-therapie im Energetischen liegt, sind die Selbstbeobachtung und das Formulieren die Faktoren des tragenden Gewahrseins.

Zu guter Letzt sollte die Heilerin die Worte und die Sätze aussprechen, die ihr in den Sinn kommen. Ihre Hellhörigkeit kann als Auslöser auf die Klientin wirken oder sie sogar an den Wortschatz eines Familienmitglieds oder an einen Lehrer usw. erinnern. Schätzen Sie also Ihre sprachliche Inspiration, auch wenn diese im Augenblick für Sie wenig Sinn zu haben scheint, und wagen Sie es, sie mit der Patientin zu teilen.

4.5   Der Auraflüsterer

Diese Technik habe ich entwickelt, als ich deutlich die Reaktion der Aura in Verbindung mit bestimmten Worten und genauen Erkenntnissen, die der Hilfesuchenden mitgeteilt wurden, beobachtete.

Einfache, treffende Dinge bewirken eine Erweiterung der Aura, die Farben werden leuchtender. Die Seele fühlt sich verstanden, und im Nu kann sich der Mensch öffnen, sich anvertrauen, zeigt Bereitschaft zu empfangen und Einsichten zu gewinnen. Diese Eigenschaften schaffen mühelos eine positive Grundlage für Zusammenarbeit und Fortschritte in der therapeutischen Situation. Wahrnehmungen, die mit Mitgefühl, also aus dem Herzen heraus, aus dem Ananda Khanda ausgesprochen werden, werden gut angenommen. Die Therapeutin, die geschickt mit dem Auraflüstern umgeht, ist imstande, die Grenzen der Anwesenden festzustellen und sie zu respektieren. Dabei verwendet sie wie immer alle Hellsinne. Sie hört die unterschiedlichen Stimmlagen für bestimmte Themen, Rollen oder Worte, sie nimmt verschiedene Gerüche in der Ausstrahlung etc. wahr.

Hin und wieder wird ein Widerspruch ersichtlich, wenn etwas intellektuell behauptet wird, was energetisch damit aber nicht übereinstimmt. Bei mehrsprachigen Klientinnen ist leicht zu beobachten, welche Sprache zu welchem Thema, zu welcher Lebensphase am besten passt.

Die Aura lügt nicht, gelegentlich jedoch der Mensch. Zeitweise belügt er sich selbst oder versucht, nach fremden Glaubenssätzen zu leben. Aurawahrnehmung deckt die Diskrepanz auf zwischen der Botschaft der Seele und dem, was die Praxisbesucherin behauptet. Oder es zeigt sich bei der Patientin, die die Aurasitzung in Anspruch nimmt, dass sie kein Vertrauen in die Heilkundige oder in die feinstoffliche Arbeit mitbringt. Wiederum gibt es Leute, die nicht bereit sind, Veränderungen oder Einsichten in ihr Leben zu integrieren. Ob wir diese Tatsachen ansprechen wollen oder nicht, hängt von der jeweiligen Situation ab. Hemmnisse können auf unterschiedliche Art und Weise gelöst werden; wichtig bleibt aber die Fähigkeit der Ärztin, diese Einstellungen zu durchschauen, denn sie können die therapeutische Vorgehensweise beeinträchtigen.

Falls Widersprüche bestehen und die Einsicht im Augenblick fehlt, würde ich nicht widersprechen, sondern den Ansatz verändern oder sogar bis zum folgenden Termin abwarten. Vielleicht hat bis dahin ein Traum oder eine spontane Lebenssituation zu den nötigen Erkenntnissen geführt. Eine weit entwickelte Hellsichtigkeit ist ein Geschenk und ein Vorteil, sie bleibt trotzdem nur eine gewisse Perspektive, die niemandem aufgezwungen werden darf.

Der Auraflüsterer ist fähig, die Reaktion der Seele, die sich verstanden fühlt, wahrzunehmen. Das ist eine grundlegende Voraussetzung für eine erfolgreiche Zusammenarbeit und für die Heilung.

Der Auraflüsterer ist auch imstande, die Erweiterung oder das Zusammenziehen des aurischen Feldes beispielsweise bei der Anwendung einer Affirmation zu sehen. Bei der geeigneten Formulierung ist der Mensch in seinem Element. Sollte sie nur vom Kopf oder als Wunschdenken gesteuert werden und nicht dem Herzen oder der Bauchweisheit entsprechen, verhält sich die Aura zurückhaltend. Geist und Seele vereinigen sich nicht. Selbst bei Wiederholungen der Affirmation bleibt die Aura eng am Körper – heilsame Veränderung wird nicht erreicht.

Die Auratherapeutin lenkt die Vorgehensweise, weil sie erkennt, ob ein rein persönlicher Zugang sinnvoll ist oder ob die Hilfesuchende spirituell empfänglich ist. Will sie einfach das Problem loswerden oder ist sie bereit, hinter die Kulissen zu schauen und seelische Zusammenhänge mit zu betrachten? Die subtile Wahrnehmung erschließt, wie tief der Mensch sein Drehbuch auslebt, ob die Fähigkeit, Abstand zu nehmen vorhanden ist, um sich mit seinem Höheren Selbst zu verbinden und Lösungen aus seiner höheren Instanz zu erhalten.

Sehe ich eine Eigenschaft oder eine Neigung, die als „negativ" eingestuft wird, stelle ich des Öfteren folgende Fragen: Nimmt die Patientin die Einsicht an? Ist sie sich dieses Charakterzugs bewusst? Wie geht sie damit um? – Eine Frage ist weniger konfrontativ und lässt ihr den Raum, um sich auszudrücken, zu lachen oder um den nötigen Abstand zu gewinnen.

Ein Urteilen, unabhängig der Vorgänge, die wir durchschauen, ist unbedingt zu unterlassen. Zu wenig Einblick haben wir in das eigene Schicksal, um den Werdegang des Gegenübers zu beurteilen. Am Ende der Sitzung kommt es nicht selten vor, dass die Behandelte, obwohl sie sich besser fühlt und dies auch bestätigt, trotzdem mit ihrem Verstand wieder in die Vergangenheit reist und erzählt, wie schlecht es ihr immer erging. Dieser Rückschritt, wenn auch

„nur" in Gedanken, macht sich unmittelbar im aurischen Feld bemerkbar. In diesem Fall ist die Person sofort darauf aufmerksam zu machen, dass die Lage jetzt anders ist, bzw. man muss sie zurück in die Gegenwart bringen und sie die energetische Veränderung wieder im Hier und Jetzt erleben lassen. Energie folgt den Gedanken. Sie versetzt sich sonst in die Opferrolle und reaktiviert die Schmerzen der Vergangenheit. Versteht die Klientin diesen Mechanismus, wird sie bewusster, kommt mehr in ihre Kraft und Macht und ist imstande, sich selbst gleich wieder in ihrem gegenwärtigen Zustand zu ankern.

4.6 Umgang mit Menschen, die ihre Wahrnehmungen entdecken

Dieser Abschnitt gilt gleichermaßen für Therapeutinnen und Klientinnen.

Unter „Wahrnehmungen entwickeln" verstehe ich alles, was mit Hellsehen, Hellhören, Hellfühlen zu tun hat und willkürlich oder spontan angeregt wird, aber auch die große, Unfälle, Überfälle, Eingriffe, psychische Traumata Durchlässigkeit für Energien: Elektrosmog, niedere astrale Ebene, durch große Veränderungen ausgelöste Desorientierung, die das bisherige Leben in Frage stellt, Arbeits- und Beziehungsumstellungen, Todesfall und tiefe religiöse und mystische Erlebnisse. Durch die Erhöhung der Erdfrequenz und das wachsende Bewusstsein der Menschheit entstehen Grenzsituationen, in denen professionelle, subtile Unterscheidungsfähigkeit geschult werden sollte, um zwischen spontaner spiritueller Öffnung und Psychose zu differenzieren.

Im Allgemeinen sollte eine fanatische Durchführung von Übungen, Techniken und Meditationen vermieden werden, wie z. B. das Erwecken der Kundalini-Kraft. Erst wenn wir weniger erzwingen wollen und mit klarer, ausgewogener Absicht mehr geschehen lassen, entsteht harmonische Entfaltung. Kleine Schritte, Beständigkeit, gesunde Erdung, Ruhe und Aktivität im Wechsel sind Voraussetzungen für das spirituelle Training. Ganz wichtig ist es, ein „normales Leben" weiterzuführen, wobei geistige Erkenntnisse nach und nach integriert werden. Sich „erden müssen" mit Zigaretten, Alkohol oder Übergewicht, ist Unsinn.

Alle Wesen im inkarnierten Zustand auf dem Planeten Erde stehen in einem beschleunigten Entwicklungsprozess, manche mehr als andere; jeder besitzt seinen eigenen Rhythmus und seine individuellen Phasen.

Seit Ende der 70er Jahre inkarnieren Seelen, die eine höhere Reife mitbringen, sowohl vom intellektuellen Standpunkt her als auch von ihrer Sensitivität. Sie sind telepathisch begabt, hellsichtig oder hellwissend. Es ist für diese Menschen in jungen Jahren schwierig, mit Eltern und Lehrern umzugehen, denen sie überlegen sind. Viele fühlen sich nicht wohl auf dieser Erde und in dieser Gesellschaft, und das Ankommen in dieser Welt wird ihnen auch nicht leicht gemacht. Ärztinnen, die mit Feinstofflichkeit vertraut sind, haben einen Vorsprung und können diesen Patientinnen besser entgegenkommen; bestimmt werden die Kinder der neuen Zeit sich bei ihnen besser verstanden fühlen.

In den letzten Jahren gibt es auch viele Fälle von spirituellen Öffnungen, die entweder durch das Interesse und die Arbeit an sich oder auf spontane Weise geschehen. Unter Arbeit an sich verstehe ich, dass der Mensch entweder einen Weg der Meditation geht oder sich in Introspektion übt. Vielleicht setzt er sich mit Psychotherapie oder mit einem alchemistischen Prozess auseinander. Oder er geht einen gewählten religiösen Weg oder findet seinen individuellen Pfad zur Erschaffung der Wirklichkeit. Kurz zusammengefasst, er tut etwas, um in seiner Entwicklung voranzukommen. Aber auch Personen, die bewusst nichts unternehmen, entwickeln plötzlich ein unbekanntes Bewusstsein und/oder Fähigkeiten, die sie vorher nicht besaßen oder von denen sie gar nichts wussten. Noch erstaunlicher sind Fälle, bei denen durch einen Unfall, einen Sturz oder einen Schlag ein physischer Schock erfolgte, infolgedessen sie hellsichtig wurden oder spontan einen neuen Zugang zur Realität fanden.

Manchmal treffe ich auf Menschen, die behaupten „alles zu spüren", was sie belastet. Eigentlich sind sie durchlässig geworden und nehmen jetzt einiges mehr wahr als früher. Vielleicht darf man sich daran erinnern, dass alles relativ ist, und dass eine erweiterte Fühligkeit längst nicht bedeutet, alles werde gleich zugänglich. In der Tat sind sie überfordert, vielleicht weil sie von einem Zustand der eingeschränkten Wahrnehmung zu rasch in eine gesteigerte Perspektive gelangt sind. Hier soll die wachsende Anzahl von elektrosensiblen und Mobilfunk-geschädigten Menschen kurz genannt werden. Ihre feinstofflichen Körper werden aufgewühlt und durcheinandergebracht durch die überwältigenden gepulsten elektro-

magnetischen Strahlungen (Prof. Dr. Werner Thiede, oekom-
Verlag: „Mythos Mobilfunk, Kritik der strahlenden Vernunft"; „Digi-
taler Turmbau zu Babel – Der Technikwahn und seine Folgen").

Auch wenn verschiedene Auraschichten nicht miteinander über-
einstimmen, die Klientin nicht eins mit sich ist und zu einer gewissen
Überempfindlichkeit neigt, hat dies nicht unbedingt zu tun mit einem breiten sensitiven Spektrum.

Hier führe ich noch kurz auf, welche Merkmale auf eine zu große
Feinfühligkeit hindeuten: Die Klientin ist dünn „besaitet", neigt zur
Kälteempfindung, zu Alpträumen und Ängsten. Ein gewisses Sucht-
potential ist ebenfalls vorhanden.

Eine andere Konstellation von Merkmalen weist auf starke Ent-
wicklungsphasen oder konzentrierte Schübe auf dem spirituellen
Weg hin. Einige davon sehen so aus: „Daneben sein", „Neben sich
stehen". Dann hat man hat das Gefühl, nicht ganz bei sich zu sein
und neigt zu ungeschickten, ungeeigneten Handlungen oder Reaktionen, die man selbst unmittelbar als solche einordnen kann. Die
Emotionen sind labil, man wechselt schnell von Traurigkeit zu
Freude, zu Empörung, manchmal ohne Grund oder zumindest ohne
ersichtliche Zusammenhänge. Man reagiert überempfindlich, auch
wenn diese Gefühlswechsel nicht offen ausgedrückt werden.

Es kann aber auch sein, dass man es nicht schafft, pünktlich zu
sein, auch wenn man von Natur aus zu Pünktlichkeit neigt. In diesen Phasen scheint einem die Zeit zu entgleisen oder man hat tatsächlich den Bezug zur Zeit teilweise verloren. Sogar wenn man
frühzeitig aufsteht oder mit einer Arbeit rechtzeitig beginnt, scheint
die Zeit nicht mehr auszureichen, um alles zu erledigen, was sonst

im selben Zeitrahmen möglich war. Man erlebt deutlich eine Diskrepanz zwischen „objektiver" und „subjektiver" Zeit. Eine Auratherapeutin, die die Zusammenhänge erkennt, könnte Zuversicht aussprechen und erklären, was eigentlich stattfindet. Folgendes wäre dann ratsam:

- Nachsicht ist angesagt mit sich oder mit der betroffenen Person. Sie braucht Verständnis und sollte sich anders organisieren, soweit es möglich oder mit ihrem Alltag zu vereinbaren ist, z. B. früher aufstehen oder sich mehr Schlaf gönnen. Kurz gesagt sollte sie ihre Gewohnheiten dahingehend ändern, was wohl mit der Veränderung oder Umstellung zu tun hat.

- In einer solchen Situation braucht man jemanden, der einem sagt, dass alles in Ordnung ist, auch wenn es gerade nicht so aussieht. Damit meine ich, dass die Patientin versteht, dass sie gerade einen Prozess durchläuft, was an und für sich eine normale, nachvollziehbare Sache und keine Krankheit darstellt, und dass deshalb auch kein Grund besteht, um in die Psychiatrie eingeliefert zu werden. Aus der Perspektive der energetischen und spirituellen Entwicklung ist dieser Zustand „normal", und das ist genau das, was der Mensch in seiner Unsicherheit zu wissen braucht.

- Ferner ist Geborgenheit notwendig: Geborgenheit, die man sich selbst schafft in den eigenen vier Wänden, oder die von einer verständnisvollen Umgebung angeboten wird. Während dieser Phasen ist der Mensch nämlich sehr empfindlich oder verletzbar. Hilfreich sind dafür alle Beschäftigungen, die den Körper stabilisieren und zur Ruhe bringen, wie beispielweise gut essen, schlafen, Spaziergänge in der Natur, Sauna etc.

- Das Glätten der Aura und die Stärkung des aurischen Umrisses

verleihen in solchen Fällen Schutz, Sicherheit und eine bessere
Abgrenzung. Schutzmethoden und Erdungsübungen, wie sie in
den nächsten Kapiteln beschrieben werden, sind selbstverständlich jederzeit von Vorteil.

5. Kapitel

5.1 Anwendung von Hilfsmitteln

Zusätzlich zu unseren Händen steht uns eine ganze Reihe von „Werkzeugen" und Produkten zur Verfügung, die die Aura pflegen, reinigen, schützen, harmonisieren und stärken. Sie stammen aus unterschiedlichen Bereichen und werden von Sensitiven, Feinfühligen, Hellsehern und von spirituell begabten Menschen erfunden und hergestellt. Manche dieser Produkte entstehen aus dem wachsenden Interesse für die Wahrnehmung von feinstofflichen Energien, andere stehen in Verbindung mit der Umwelt und schützen vor negativen Strahlungen, weitere wurden entworfen, um die spirituelle Entwicklung zu beschleunigen und das Bewusstsein zu erweitern. Bestimmte Gegenstände (Farben, Edelsteine, geometrische Formen und Klänge) stimmen in Schwingung und Frequenz mit den Chakren und den feinstofflichen Körpern überein.

Last but not least ist die Natur immer wieder eine Quelle der Regeneration und des Gleichgewichts für die Aura (Bäume, Felsen, Sand, Wasser, Salz).

Alle Hilfsmittel können aufgrund ihrer regulierenden Wirkung entweder während der Sitzung eingesetzt oder stunden- oder tageweise von den Klientinnen getragen werden.

Diese Gegenstände entstammen den folgenden Bereichen:
- Aus der Radiästhesie: Tensore und Pendel, Farbpendel
- Aus der Geobiologie: Schutzamulette, Isis Beamer
- Aus der Heiligen Geometrie: Platten, Pyramiden, Merkaba,

Formschwingung
- Aus der Lithotherapie: Aura- und Raumspray, Mineralien
- Aus dem Engelreich: Lichtwesen
- Aus der Chromotherapie: Aura Soma[R]

Es ist durchaus berechtigt, harmonisierende Hilfsmittel in die Auraarbeit mit einzubeziehen, zumal die Menschen zunehmend feinfühliger und bewusster werden, was ich in meiner Arbeit seit Jahrzehnten feststellen kann. Diese energetische Verfeinerung der Wahrnehmung kann der allgemeinen Erhöhung der Schwingung auf der Erde zugeschrieben werden. Ebenfalls trägt dazu das individuelle Streben jeder Einzelnen bei, sei es, weil sie einen meditativen Weg einschlägt, einer Entspannungsmethode oder einer körperlichen Disziplin nachgeht oder eine entscheidende Lebenserfahrung überwand, die ihr Leben nachhaltig veränderte.

Durch den zielgerichteten Einsatz eines Hilfsmittels entsteht ein wirksames Zusammenspiel: Während ich das Lesen der Aura durchführe, kann ich gleichzeitig die Harmonisierung des Energieflusses in der Aura verfolgen, sodass in einer Therapiestunde die energetische Leistung des gewählten Werkzeugs parallel zu der Arbeit mit den Händen oder dem Auraflüstern verläuft.

Wichtig ist es, die eigene Unterscheidungsfähigkeit gelten zu lassen und sich auf einige bewährte Hilfsmittel, zu denen man eine persönliche Resonanz gefunden hat, zu beschränken. Für das Herausfiltern werden einem die eigenen hellsichtigen Begabungen von Hilfe sein. Nicht elektrisch betriebene Gegenstände sind zu bevorzugen wie z. B. Farben oder solche, die durch ihre Formschwingung strahlen und die Aura stärken, harmonisieren oder schützen. Selbstverständlich muss sich die Klientin für den Einsatz der vorgeschlagenen Mittel bereit erklären. Sollte die Person eine spontane Abneigung gegen etwas zeigen, wird die Therapeutin darauf verzichten, sonst würde die Abwesenheit von Resonanz sich nachteilig auswirken.

Die Anwendung von seidenen Tüchern in unterschiedlichen Farben kann in der Praxis eingesetzt werden mit dem Vorteil, dass diese leichte Chromotherapie zuhause fortgesetzt werden kann. Optimal ist die Arbeit mit Schals, die mit natürlichen, pflanzlichen Farben getönt wurden. Ihre Wirkung durch die Schwingung der Naturseide und der Wellenlänge der Farbe ist nicht zu unterschätzen; im Gegenteil – sie sind eine tiefgreifende Ergänzung zu Harmonisierungsmethoden für die Aura.

Dann gibt es die wohltuenden Einflüsse der Natur, die man selbstständig nutzen kann. Bäume im Wald haben klärende Wirkung. Unter einer Baumreihe oder sogar nur bei einem einzelnen kräftigen Baum zu stehen, lädt die Aura auf. Im Urlaub am Strand, aber auch bei Felsen findet der Mensch einen guten Ausgleich für sein aurisches Feld. Ich erinnere mich an eine außerordentliche Konstellation von Wasser, Erde und Felsen in den Levadas auf Madeira. Die Felsen bilden ein Energietor, durch das man geht, wobei man gleichzeitig von Bergwasser, das durch die Felsen gefiltert wird, besprüht wird. Wie gesagt, eine besondere Aurareinigung direkt von den natürlichen Elementen.

Einen eigenen Absatz möchte ich der Anwendung von ätherischen Ölen in der Auratherapie widmen, die sich in meiner langjährigen Aurapraxis sehr bewährt hat.

Die Aromatherapie hat eine unmittelbare, tiefe Wirkung, denn Düfte werden direkt vom limbischen System registriert, von unserem Unterbewusstsein, das alle Erfahrungen aufnimmt und speichert, ohne sie zu filtern. Zuerst vergewissert sich die Ärztin, dass keine Allergien auf bestimmte Substanzen bestehen. Im Rahmen ihrer sensitiven Arbeit macht sie der Patientin einen Vorschlag, überlässt ihr aber die endgültige Entscheidung, denn es ist kontraproduktiv mit einem ätherischen Öl zu arbeiten, das für den Empfänger nicht angenehm ist. Selbstverständlich finden ausschließlich reine biologische Duftöle (z. B. ätherische Öle von Prof. Wabner) Anwendung, die meistens einzeln ohne Beimischung von fettigen Ölen leicht in die Hände gerieben werden. Ein oder zwei Tropfen reichen aus. Sie werden dann in das Glätten oder Massieren der Aura mit einbezogen und intensivieren noch die Ergebnisse der reinen Energiearbeit mit den Händen.

In der Auratherapie dürfen ausschließlich reine, naturbelassene Öle angewendet werden. Sowohl die englische als auch die französische Sprache unterstreicht den wesentlichen Aspekt dieser Substanzen. Ihre Bezeichnungen sind „essential oils" und „huiles essentielles". Die Essenz, also die Seele der Pflanze, tritt in den Vordergrund und wirkt auf tiefe und umfassende Weise auf die Feinstofflichkeit des Menschen. Das erkennt auch die deutsche Sprache mit dem Begriff „ätherische Öle". Die hohe Konzentration erfordert eine niedrige Dosierung. Wenige Tropfen reichen aus.

Ein paar ätherische Öle möchte ich gerne zusammen mit ihrer Entsprechung und ihrem Anwendungsbereich auflisten, um Ihnen die Wahl zu erleichtern:

ANGELIKA ist hervorragend geeignet als Mittel gegen Schock und Hysterie, Hyperventilation und Angst, zum Teil gepaart mit Desorientierung. Es hilft als Abwehr bei negativen Energien und schafft wieder eine Atmosphäre von Zuversicht. „Alles wird gut" lautet die Affirmation, die dafür steht, dass wieder Ruhe einkehrt.

KAMILLE verleiht Harmonie und Toleranz in Situationen, in denen Unzufriedenheit, Schmerz und Ärger herrschen. Bei Reizbarkeit und Nervosität kehrt dank der Kamille die Gelassenheit wieder ein, denn sie unterstützt die Aufnahme und Verarbeitung von Erfahrungen.

EUKALYPTUS bringt Klarheit und Konzentration, kühlt Hitzköpfe ab und macht vieles deutlicher und klarer, was hilft, Zusammenhänge zu erkennen und besser annehmen zu können.

MYRRHE ist ein wunderschönes ätherisches Öl, um den Zugang zur Feinstofflichkeit zu öffnen. Die Sensibilität erwacht, ohne dass man den Kontakt zum Materiellen, Grobstofflichen verliert.

Für die Auraarbeit empfehle ich in der Regel einzelne ätherische Öle, da jedes eine Persönlichkeit für sich darstellt. Eine Ausnahme von dieser Empfehlung mache ich in Bezug auf das Soli-Chlorophyll-Öl S 21. Diese besondere Mischung aus 21 ätherischen Ölen, Chlorophyll und Weizenkeimöl bildet eine seltene Synergie, die sich auf die unterschiedlichen Schichten der Aura auswirkt (natürlich findet das Soli-Chlorophyll-Öl S 21 auch unzählige Anwendungsmöglichkeiten in den physischen, körperlichen und gesundheitlichen Bereichen). Dieses Öl ist eine außerordentliche Zusammensetzung aus reinen natürlichen ätherischen Ölen, deren Inhalt auf Rückstände geprüft ist, ohne Beimischung von künstlichen, naturidentischen, chemischen Zutaten oder Duftölen.

5.2 Vergangenheitskorrektur und zukünftige Projektionen

Für diese Technik nutzen wir intensiv die Imagination, das Visualisieren und den passiven Empfang von Eindrücken, zusammen mit Skalen, die uns ermöglichen, in die Vergangenheit und nach Bedarf in zukünftige Entwicklungen zu reisen. Die Behandlerin führt sie zusammen mit der Patientin durch und stützt sich gleichzeitig auf deren Rückmeldungen und auf ihre eigene Wahrnehmung, die sie begleitend, aber mit Zurückhaltung, erwähnen kann. Diese Haltung verlangt große Diskretion, denn die Kranke ist die Erschafferin ihrer Realität, sodass es nicht darum geht, sie zu überreden oder zu beeinflussen, sondern sie dabei zu unterstützen, wenn sie beobachtet, einordnet oder versucht, Abstand zu gewinnen. Gerade da ist es eine Kunst, den Menschen zu begleiten und die Erlebnisse aus dem Gedächtnis wiederzubeleben und nach Bedarf entweder zu entschärfen oder zu betonen mit Hilfe der Skalen, die auf einem Blatt Papier oder in der Luft gezeichnet werden.

Auf der Zeitachse wird ein Zeitpunkt gewählt, der eine gewisse Spannung aufzeichnet: Es kann sich dabei um eine körperliche Empfindung oder ein Ereignis, das nur schwer verarbeitet wurde, handeln. Mit Hilfe unserer Imagination treten wir in dieses Zeitfenster hinein und „verbessern" Eindrücke, die uns damals in Schock, Ohnmacht oder Ähnliches versetzt hatten. Mit dem gegenwärtigen

Abstand sind wir imstande, z. B. Geschrei zu verringern oder die Tür zu schließen. Die Ohnmacht ist überwunden. Wir sind der Situation nicht mehr hilflos ausgeliefert, sondern wir verändern sie; auf diese Weise ist das alte Drehbuch nicht mehr so bedrohlich. Die Klientin entdeckt, dass sie kein Opfer ist, sondern dass sie nicht nur die Kraft, sondern auch die Verantwortung hat, etwas zu dieser Lage beizutragen, damit sie erträglicher wird. Das ist für viele eine mächtige Einsicht, die in die Gegenwart übertragen werden kann.

Die Arbeit mit den Skalen wird gerne angewendet in Konfliktsituationen, die als Auslöser für bestimmte Beschwerden oder für eine Reihe von Unfällen oder ausgesprochen ungünstige Ereignisse verantwortlich sind. Die Medizinerin, die ihre Hellsinne entfaltet, kann die Reaktionen der Aura verfolgen und die Patientin in ihrer Rückerinnerung unterstützen und leiten. Es geht um eine Zusammenarbeit, in der sich die Rückmeldung der Behandelten und die sensitive Wahrnehmung der Heilkundigen ergänzen.

Erlebnisse aus der Kindheit, Erinnerungen aus vorigen Inkarnationen, aber auch störende Alpträume werden bearbeitet und finden Erleichterung durch die Anwendung der Skalen.

5.3 Energie und Gedankenformen

Alle Tage, alle Nächte
Rühm ich so des Menschen Los.
Denkt er ewig sich im Rechte,
Ist er ewig schön und groß.
Goethe

Die Chladnischen Platten aus Messing oder Glas erzeugen bezaubernde geometrische Formen.

Die Bilder von Masaru Emoto und von Alexander Lauterwasser, der seit 1984 Forschungen über Morphogenese und Morphologie in Verbindung mit Vibrationen, Klang und Musik durchführt, veranschaulichen die gestalterische Eigenschaft der Gedanken.

Vier Betrachtungen zur Entstehung der Gedankenformen:
- Die Beständigkeit und die Häufigkeit des Gedankens sind notwendig, um eine sichtbare Spur in der Aura zu hinterlassen, sonst ist er nur eine flüchtige Wolke.
- Die Beschaffenheit des Gedankens bestimmt seine Farben und Farbtöne.
- Die Natur des Gedankens prägt seine Gestalt.
- Die Klarheit und Überzeugung des Gedankens überträgt sich auf die Schärfe und Deutlichkeit des Umrisses.

Gedanken sind geistige Kräfte, die dem Gesetz der Resonanz unterliegen. Harmonische geometrische Formen und die heilige Geometrie, die die grundlegenden Gesetze des Universums widerspiegeln, wirken sich heilsam auf die Aura aus. Deshalb werden bestimmte Formen, Talismane und Symbole nicht nur als schön, sondern als wohltuend, regenerierend und schützend empfunden, z. B. die fünf platonischen Körper.

Die Gedanken, die wir hegen und pflegen, die „Grundfarbe" unser Gedanken, prägen unsere Auren und lassen uns entweder ein leeres oder ein volles Glas sehen. Die Fähigkeit, unsere Gedanken zu beobachten, zu meistern und sie zum Ausdruck zu bringen, nicht nur in Worten, sondern sie auch in unserem Leben zu verwirklichen, ist eine große Errungenschaft. Unsere Gedankenkraft als eine erschaffende Macht zu definieren, verleiht uns eine entscheidende Selbstbestimmung.

Gedankenformen sind manchmal in der Aura als geometrische Formen unterschiedlicher Harmonie wahrnehmbar. Wiederkehrende Gedanken in Form von Grübeln und Kummer oder negative Gedanken, die sich unaufhörlich im Kreis drehen und in manchen Fällen den Schlaf rauben, bilden um den Kopf herum eine dichte Schicht, die einem Helm ähnelt.

Gedanken, die nicht verzeihen können, die die Vergangenheit immer wiederkäuen und keinen Frieden schließen oder nicht loslassen können, beeinträchtigen das allgemeine Wohlbefinden und im Besonderen das Immun- und das Nervensystem.

Das Denken, das auf der mentalen Ebene entsteht, überträgt sich auf die nächste Schicht, d. h. auf die emotionale Ebene, die Gefühle und Emotionen erzeugt. Diese wiederum dirigiert unser Handeln und unsere Sprache, die die gelebte Wirklichkeit färben. Die Übereinstimmung zwischen der mentalen und der emotionalen Ebene, also zwischen Kopf und Herz, wirkt stärkend und führt zur Erschaffung einer zufriedenstellenden Realität. Dahingegen entsteht eine emotionale Fragilität und Labilität, wenn der Einklang zwischen Gedanken, Werten, Glaubenssystem und dem Handeln fehlt.

5.4 Aurafarben

Farben sind Wellenlängen, die in verschiedenen Farbtönen, Schattierungen und durch Pulsieren in der Aura erscheinen. Die Farben der emotionalen Aura sind am meisten veränderlich, weil sie jedes Gefühl, jede Empfindung reflektieren.

Es ist durchaus möglich, dass Sie gelegentlich in der Aura Farbnuancen wahrnehmen, die Sie sonst nirgends zuvor gesehen haben. Manche Aurafarben sprengen den Rahmen der sichtbaren Farben und ihre Wahrnehmung. Die Erweiterung des Gewahrseins ermöglicht Ihnen das Erfassen eines breiteren Farbspektrums. Im Allgemeinen weisen dichte, schwere, undurchsichtige Farben hin auf Gedanken, Gefühle, Einstellung und Themen, die eher schwerfällig, belastet, haftend, gestaut oder veraltet sind. Dagegen drücken leichte, frei fließende, transparente Farben eine gewisse Klarheit und sich erneuernde, freie, ausgeglichene, harmonische Stimmungen aus.

Können Sie eine Veränderung in der Farbstrahlung der Aura nach der Behandlung spüren/sehen?

Grundeigenschaften der Farben:

warme Farben: kalte Farben:

   rot   blau

   orange   indigo

   gelb   violett

grün ist eine neutrale Farbe, schwarz absorbiert alle Farben, weiß reflektiert alle Farben.

Komplementäre Farben:

rot   →   grün

blau   →   orange

gelb   →   violett

türkis   →   koralle

oliv   →   magenta

gold   →   königsblau

Im Gegensatz zu allen Büchern, die über die Aura geschrieben wurden, werde ich auf eine Auflistung von Farben und deren Beschreibung verzichten, weil ich der Meinung bin, dass sie zu statisch ist und den Studenten in seiner Wahrnehmung einschränkt. Die Reinheit oder die Leuchtkraft einer Farbe sagt viel aus über eine Eigenschaft, ob sie in Übereinstimmung mit der Seele ausgelebt wird oder nicht.

Die Farben der emotionalen Aura sind die Hauptfarben, die einem ins Auge springen. Sie verändern sich sehr schnell, sowohl in der Nuance als auch in ihrer Entfaltung. Diese Beweglichkeit der Farbwellenlänge ist vielsagend. In den meisten Fällen sind Sie also nicht mit einer statischen Farbe konfrontiert, sondern mit einem lebendigen Wechsel des Farbspektrums.

Ich ermutige Sie, Ihre eigene Farbbeschreibung aufzulisten, zuerst von Farben, wie Sie Ihnen erscheinen, wo sie auftreten, in welcher Häufigkeit sie anzutreffen sind, und in welchem Ausmaß sie sich verändern. Mit der Zeit und mit der Entfaltung Ihrer Wahrnehmung beobachten Sie bitte die gedanklichen und emotionalen Reaktionen, die die Farben begleiten. Anders ausgedrückt: Vereinigen Sie alle Ihre Hellsinne, und aus dieser Konstellation heraus werden Sie erfahren, was die Sprache der Farben Ihnen sagen will. Entwickeln Sie anhand Ihrer Beobachtungen Ihre eigene Sprache, die bedeutungsvoller ist als eine standardisierte Liste mit durchschnittlichen Entsprechungen, die für alle und immer gelten sollte. Auf diese Weise ist Ihre Farbsprache wesentlich flexibler, persönlicher und nuancierter.

Allen, die wenig oder kein Farbempfinden besitzen, rate ich: Verharren Sie bitte nicht in diesem Mangel, sondern unterstützen Sie Ihre Stärken und fragen Sie sich gelegentlich: „Wenn ich Farben deutlich sehen könnte, welchen Ton würde ich mit dieser Wahrnehmung in Verbindung bringen?", oder „Wie würde sich dieser Zustand farblich anfühlen?"

Folgende Technik kann entweder nur von der Medizinerin oder gemeinsam mit der Patientin durchgeführt werden: Bei einem verspannten oder schmerzhaften Zustand kann eine Farbe von der Hilfesuchenden eruiert werden. Nehmen wir als Beispiel, das Unbehagen fühlt sich rot an. Die Behandelnde würde in diesem Fall mit einem imaginären Pinsel die Farbe Grün einbringen. Noch besser wäre es, sie würde darüber hinaus die Klientin ermutigen, dies auch zu visualisieren und die Veränderung zu beobachten. Die Komplementärfarbe ist im Allgemeinen erfolgreich bei solchen Farbheilungen. Reaktionen können subtil sein bis deutlich erleichternd und in Begleitung mit medikamentöser Therapie oder Meditation eine hilfreiche Unterstützung darstellen.

5.5 Kreativer Auraausdruck

In diesem Abschnitt lassen wir unserer Kreativität freien Lauf, wobei es nicht darum geht, schön zu malen, zu zeichnen, wunderbar zu singen oder die Kunst des Duftmischens wie ein Parfumeur zu beherrschen.

Im Unterricht stelle ich mich meistens zur Verfügung und lasse die Teilnehmer ihre energetische Wahrnehmung meiner Aura zu Papier bringen. Es ist erstaunlich, wie viel treffende Einblicke und Erkenntnisse zum Ausdruck kommen. Natürlich wird jeder seine eigene Wahrnehmung haben, aber wenn alle Teilaspekte miteinander verbunden sind, ergibt sich ein interessantes Gesamtbild des Menschen. Die Teilnehmer untereinander üben auch ihre Hellsinne und bestätigen dann die Eindrücke ihres Gegenübers.

Eine erweiternde Wahrnehmung bietet auch die Beschreibung des Energiefeldes vor und nach der Aurabehandlung. Die Studentinnen sind selbst positiv überrascht, was in der kurzen Zeit der Ausbildung schon alles für sie sichtbar und spürbar geworden ist.

6. Kapitel

6.1 Prophylaktische Arbeit: Die Aura im Alter

Unsere Gesellschaft ist sehr stolz auf die Langlebigkeit des Menschen, wobei in manchen Fällen die Lebensquantität die Lebensqualität überragt. Der krankhafte, hilflose, sinnlose Aspekt des Alters wird betont im Gegensatz zu Weisheit, Reife und Vollendung des Lebens. Schon früh im Leben bereitet man sich auf das Älterwerden vor: Regelmäßig und prophylaktisch wird erprobt, getestet und gewarnt, um Anzeichen von Krankheit frühzeitig zu entdecken. Die Programmierung wirkt Wunder. Wie wäre es, wenn wir uns vornähmen, gesunde Gewohnheiten zu entwickeln, eine optimistische Lebenseinstellung zu pflegen und eine klare, freie Aura zu fördern, was sich ganz natürlich auf den physischen Körper auswirkte?

Entrümpelung, Leerung und Reinigung sind auf allen Ebenen immer wieder notwendig, sonst sammeln sich über die Jahre unverarbeitete Thematiken, Konflikte und Ablagerungen an, die die Entwicklung bremsen oder sogar zum Stillstand bringen. Im Lauf des Lebens werden die unterschiedlichen Auraebenen aktiviert. Mit dem Alter wird die Auseinandersetzung mit dem geistig-spirituellen Potenzial umso wichtiger. Verinnerlichung, Anbindung, Sinnfindung richten sich jetzt vermehrt auf die Erfüllung der Seele und des Geistes. Wichtig ist, dass die spirituellen Bedürfnisse erfüllt werden.

Dichte, Verhärtungen und Schleier trüben die Aura im Kopf- und Wirbelsäulenbereich und stellen angesammelte, unverarbeitete Erfahrungen, chronische negative Gedanken, unerfüllte Wünsche, verdrängte negative Gefühle, sinnlose Gewohnheiten dar, die selbst ein Nest für entsprechende Fremdenergien anbieten.

Frau Manuela Oetinger beschreibt in Ihrem Buch "Die Aura – das Tor zur Seele" die möglichen Auswirkungen der mentalen, emotionalen und energetischen Muster, die sich mit dem Alter in den Auraschichten festsetzen können, wenn der Mensch nicht an sich gearbeitet hat.

Für viele ist Alter ein Synonym für Erkranken, sodass wir fast vergessen haben, dass es tatsächlich möglich ist, im hohen Alter gesund die gegenwärtige Inkarnation zu beenden.

Leben heißt Fluss, heißt Bewegung, heißt Bewusstsein. Wer sich sein Leben lang mit Arbeit, Leistung und Funktionieren identifiziert hat, ohne seine Seele zu fragen, was sie wirklich gerne hätte, hat wenig Raum geschaffen für Kreativität, Selbstausdruck und Selbstbestimmung. Die Starrheit der Routine und der Gewohnheiten hemmt das Lebendige, das Spontane im Menschen und setzt sich in den Gelenken und in den Denkweisen fest. Sich ausgeliefert fühlen und das Ertragen von Leid und Schicksalsschlägen, das Festklammern an Materialismus schafft wenig Platz für die eigenen spirituellen Antworten zum Leben, für die geistige Entwicklung und die Befreiung aus den eigenen Fesseln.

Eine grundsätzlich positive Lebenseinstellung färbt alle Erfahrungen, die wir sammeln können – auch die sogenannten schlechten und schwierigen – mit einem Farbton, der allem einen bereichernden, erhebenden und mitfühlenden Aspekt verleiht. Die Erkenntnis, dass das Leben gut ist oder mir gegenüber gut gesonnen ist, wirkt sich auf alle Mitbeteiligten positiv aus. Dagegen ist eine Grundeinstellung, die, bewusst oder unbewusst, das Leben als feindlich betrachtet und alle Erlebnisse als schwer, enttäuschend, unvorteilhaft oder von vorne herein „gegen mich" ansieht, negativ ausgerichtet. Das vegetative System ist verspannt und Sympathikus und Parasympathikus geraten in Verwirrung. Die emotionale Aura zieht negative, belastende Ereignisse an, und der Mensch kommt sich vor wie ein Opfer eines Schicksals, das er nicht versteht. Der Mensch wird alt und hat es versäumt, weiser zu werden.

Im Laufe der Inkarnation ist es unerlässlich, sich mit geistigen, spirituellen, religiösen oder philosophischen Themen auseinanderzusetzen. Die sogenannte Midlife-Crisis im Lebensabschnitt zwischen 40 und 50 Jahren ist eigentlich eine Lebensphase, in der die bisherigen Zielsetzungen und Prioritäten in Frage gestellt werden, sodass der Mensch die kommenden Jahrzehnte seines Lebens im Einklang mit seiner Seele gestalten kann.

„If you don´t go within, you go without" sagt Neal D. Walsch („Wenn Sie nicht nach innen gehen, gehen Sie leer aus"). Das Innenleben sowie die höheren Schichten der Aura werden von Meditation, Kontemplation, Gebet oder Verinnerlichung genährt. Langjährige Ängste, wiederholte emotionale Verletzungen und Verdrängungen, die nicht verarbeitet oder gar ausgedrückt worden sind, häufen sich im Unterbewusstsein an und drücken sich in der Aura und im Alter im physischen Körper aus.

Wie wir diese Inkarnation beenden und wie wir sterben, beeinflusst den Anfang des nächsten Lebens. Das ist der Grund, warum ich diesen Absatz „Die Aura im Alter" hier anspreche. Würden wir uns im Laufe unserer Inkarnation mit dem energetischen, spirituellen Aspekt unseres Wesens identifizieren, könnten wir prophylaktisch manches Leiden im Alter vermeiden durch das Gewahrsein und die rechtzeitige Behandlung der subtilen Schichten der Aura.

6.2 Auraschutz

Der Auraschutz ist die Psychohygiene des 21. Jahrhunderts. Hygiene und Körperpflege in dem Ausmaß, wie wir sie heute kennen, haben sich erst in den letzten 50 Jahren des vergangenen Jahrhunderts entwickelt.

Das Bewusstsein für die Aura entfaltet sich in der Bevölkerung seit einigen Jahren zunehmend mehr. Das können wir an der Verbreitung von unterschiedlichen Substanzen und Hilfsmitteln, die dem Auraschutz und der Aurapflege gewidmet sind, erkennen.

Ich unterscheide zwischen zwei Schutzbegriffen: Der eine beinhaltet Methoden, die eine Aktivierung der Aura als Energiepotential fördern, sodass der Schutzmantel umso mehr nach außen strahlt. In diesem Kontext wird die Aura zur Abwehr von unerwünschten Schwingungen gestärkt. Das ist der Yang-Schutz. Das zweite Konzept bezieht sich auf einen eher passiven Zugang. Die Aura grenzt sich mehr ab, sie verschließt sich energetisch für die sie umgebenden „Gefahren", seien es Reizüberflutungen oder Vibrationen, die auf keinen Fall in die feinstofflichen Schichten eindringen dürfen. Das ist die Yin-Schutz-Methode.

Der Yang-Vorgang setzt voraus, dass das aurische Feld eine eigene Schutzfunktion besitzt, die momentan oder in bestimmten Lagen eine Verstärkung, eine Erweiterung oder eine Intensivierung benötigt. Das Visualisieren, begleitet vom energetischen Aufbau des Zentralkanals, entspricht der Beschreibung des Yang-Aura-Schutzes, Zentrierung und Präsenz beinhalten eine Schutzfunktion an und für sich. Die natürlichen Kräfte werden aktiviert, die Schwingung wird erhöht, und die Ausstrahlung dehnt sich aus. Die Aura wird größer.

Beim Yin-Vorgang findet eine bessere Abgrenzung statt: Die Aura umhüllt den Körper. Der Mensch entdeckt, dass er eine Wahl treffen kann und sich ausklinken darf von dem, was ihm nicht gut tut. Er wird lernen „Nein!" zu sagen. Die Auraklappen filtern die Eindrücke und die Einflüsse, die in die Aura eindringen wollen. Eine Veränderung der inneren Einstellung beeinflusst wiederum die Leute und die Ereignisse, mit denen wir in Resonanz stehen. Dadurch schickt die Aura eine andere Botschaft nach außen und zieht entsprechende Situationen an. Eine Glocke aus Licht oder eine violette Flamme stärkt die Umrisse der Aura, oder man kann einen Kristall programmieren, der das Energiefeld mit der Gedankenform „Schutz" auflädt. Es ist auch möglich, einen Schutztalisman zu tragen, dessen Frequenz die Aura umhüllt.

Die grundlegende Einstellung, die den Einklang mit der eigenen Seele und dem Großen Ganzen anstrebt, verleiht einen authentischen Schutz.

In der Praxis ist der wechselweise Einsatz von Visualisation, Tragen von Anhängern und Schutzsteinen wie beispielweise dem schwarzen Turmalin, auch Schörl genannt, sehr empfehlenswert, denn die mangelnde Energie des kranken Menschen wendet sich unmittelbar an die gesunde Aura, die automatisch angezapft wird. Das ist ein Mechanismus und keine schädliche Absicht.

Wiederum sind viele Patientinnen energetisch verletzlich und klagen über Hypersensibilität gegenüber Menschenmassen oder Elektrosmog. Gerade diese Menschen sollten von der Ärztin die geeigneten Empfehlungen erhalten, wie sie sich besser schützen können, um dadurch eine bessere Lebensqualität zu erlangen. Gerne können die passenden Schutzmethoden für die jeweilige Person ausgependelt werden.

6.3   Aurareinigung – Auraklärung

Für feinfühlige Menschen wird die energetische Reinigung immer wichtiger. In der therapeutischen Situation kommen wir in Kontakt mit physischen Pathologien, emotionalem Leiden, mentaler Verwirrung und spiritueller Verzweiflung.

Im Alltag ist es notwendig, die Aura zu klären, nachdem wir uns in Menschenansammlungen aufgehalten haben, uns in Streitsituationen befanden, und wenn wir selbst schwierige Lebensphasen und Prozesse durchlaufen.

Schutz ist der erste Aspekt der energetischen Psychohygiene, der andere Teil wird von der Auraklärung ergänzt. Wie auch beim Thema Schutz ist es angebracht, einen für sich und der jeweiligen Situation ausgewogenen Umgang zu finden. Vergleichbar mit der alltäglichen Reinigung des materiellen Körpers, ist eine regelmäßige Säuberung notwendig. Es gibt Ausnahmen, die häufigere oder gelegentlich zusätzliche Maßnahmen erfordern, z. B. wenn sehr belastende Energien bearbeitet werden oder wenn die Therapeutin entweder deutlich in Resonanz mit dem Thema der Klientin steht oder sie aus irgendeinem Grund an diesem Tag besonders durchlässig ist. Es empfiehlt sich also, sich energetisch zu scannen und eventuell Verzerrungen bei sich selbst rechtzeitig festzustellen und eine Klärung durchzuführen, bevor man sich der nächsten Hilfesuchenden widmet. Je aufmerksamer wir unsere Energien registrieren, desto klarer bleiben wir. Diese Selbstbeobachtung wächst zusammen mit dem vibrationellen Gewahrsein. Sie ist unentbehrlich für das beständige Wohlergehen der Ärztin. Von Vorteil für die Patientin ist es, wenn sie darin unterrichtet wird, wie sie selbstständig ihre Aura klar erhalten kann.

Hier liste ich einige Werkzeuge und Methoden auf, die bei der Reinigung der Aura entweder in der Praxis oder zu Hause hilfreich sind:

<u>Klang:</u>

Zimbeln, Stimmgabel, Klangschalen, eine pentatonische Steeldrum u.v.m. Es gibt eine Reihe von Instrumenten, deren kristalline und harmonische Töne die Aura hervorragend klären. Klang dringt durch die verschiedenen feinstofflichen und grobstofflichen Ebenen. Er ordnet Strukturen und befreit von fremden Einflüssen.

Wichtig ist es, die Zustimmung der Kranken zu erhalten und sich zu versichern, dass der Klang angenehm empfunden wird, besonders wenn jemand an Tinnitus oder anderen Hörproblemen leidet. Die Anwendung von Tönen wird oftmals als wohltuend empfunden und ist geeignet, eine Einzelsitzung zu beenden.

Zwischen den Behandlungen ist auch für die Therapeutin ein kurzer Klangschauer willkommen. Zudem reinigt er den Raum.

<u>Raum- und Auraspray:</u>

Hier stelle ich denjenigen vor, den ich im Jahr 2000 entworfen habe, weil ich mit den gängigen Produkten unzufrieden war. Teilweise gefielen mir die Düfte nicht, und manche, sofern ich ihre Schwingung in der Aura beobachten konnte, hielten ihr Versprechen nicht, sei es hinsichtlich Klärung, Schutz, Erdung oder Kontakt mit den Engeln. Ich entschied mich für eine einfache aber wirksame Zusammensetzung aus Blüten- und Edelsteinessenzen sowie aus ätherischen Ölen, die eine wunderbare Synergie bilden und deren Erfolg über die Jahre unverändert geblieben ist. Anfang 2015 habe ich ihn durch neue Erkenntnisse veredelt und an die aktuellen Bedürfnisse angepasst. Geeignet ist er zur Klärung von Räumen und der Aura. Während der Auralesung und der Energiearbeit ist der Mensch auf allen Ebenen sehr offen, und seine Aura ist durchlässig.

Die Aura wird durch die Anwendung des Sprays geschützt und zentriert, wenn dieser verwendet wird, bevor man sich in große Menschenmengen begibt, in öffentlichen Verkehrsmitteln fährt oder selbst sein Fahrzeug bewegen muss. Natürlich kann der Auraspray auch von der Medizinerin und im Alltag angewendet werden, überall und jederzeit, auch in Kombination mit anderen Therapien und spirituellen Techniken.

<u>Salzreinigung in der Badewanne:</u>
Dazu braucht man:
- 500 g eines unbelassenen Meer- oder Steinsalzes ohne Beimischungen
- 30 min ungestörte Zeit im Badezimmer und anschließende Bettruhe. Im optimalen Fall wird das Bad vor dem Zubettgehen durchgeführt.
- Bademantel, große Badetücher und Bettsocken
- alles, was das Ritual noch verschönern kann: Blumen, Musik, Kerzen, Duftlampe oder aber Einfachheit und Stille

Zuerst duschen. Die hygienische Reinigung wird wie üblich mit einer guten Seife durchgeführt. Dann werden die 500 g Salz unter laufendem Wasser in der Badewanne gelöst. Das Wasser sollte eine angenehme Körpertemperatur von 37 °C haben. Dann legen Sie sich ins Wasser und achten darauf, dass Ihr Körper entspannt und bequem liegt. Kühlt das Wasser ab, wird nach Bedarf warmes Wasser hinzugefügt, denn es darf einem nicht kalt werden. Das Salz enthält viele Spurenelemente, die von der Haut aufgenommen werden. Dafür ist es sinnvoll, solange im Salzwasser liegen zu bleiben, wie es für Sie angenehm ist, aber nicht länger als 15 Minuten. Natürlich dürfen Sie jederzeit vorher aus dem Bad heraussteigen, vor allem, wenn Ihnen dieses Ritual neu ist. Die Wirkung ist nicht zu unterschätzen, besonders wenn der Körper stark belastet ist und viele Toxine ausscheiden muss. Das Salz reinigt und nährt.

Ein Prozess ist am Werk; es ist ein achtsamer Vorgang und kein Wettbewerb. Ihr Körper und Ihr Gefühl geben Ihnen Bescheid, wann Sie das Bad beenden sollten.

Lassen Sie nach spätestens 15 Minuten das Wasser abfließen und ziehen einen Bademantel an, ohne sich vorher abzuduschen und abzutrocknen. Socken anziehen, und ab ins Bett! Da werden Sie schwitzen. Nach Bedarf können Sie sich in saubere Badetücher wickeln.

Der Schlaf wird tief und entspannt sein. Ihr Körper arbeitet auf Hochtouren während Sie schlafen! Am Morgen unbedingt gründlich abduschen.

Die Haut ist schön, die Reinigung ist gründlich und die Läuterung des Ätherkörpers wirksam. Nach Bedarf einmal pro Woche durchführen.

Anwendungsbereiche: nach Streit, bei Müdigkeit, bei Erkältung, wenn wir in Menschenmengen oder an belasteten Orten verweilt haben und als Reinigung für Therapeutinnen.

<u>Die Wasser-/Lichtdusche:</u>
Die übliche Dusche unter dem Wasserstrahl wird intensiviert durch die Visualisation eines leuchtenden weißen, mit goldenen Sternen versehen Energiestrahls, der in und durch den Körper und die Aura fließt und sie von allen Unreinheiten befreit. Am besten wird diese Wasser-/Lichtdusche abends vor dem Zubettgehen durchgeführt, um die Eindrücke des Tages und kleinere Blockaden zu bereinigen. Der Schlaf und die Träume, die darauf folgen, sind tiefer und gelassener und die Erholungsqualität wird wesentlich verbessert.

<u>Räucherung:</u>
Kräuter, Harze und Holze werden angezündet und im schmoren-den Zustand in der Aura herumgeschwenkt, sodass sie der Rauch gänzlich umhüllt und klärt. Der weiße Salbei, die traditionelle Heil-pflanze der nordamerikanischen Indianer und der Wachholder, das rituelle nordeuropäische Kraut, sind beide geeignet für die Raum- und die Auraräucherung. Eine Rauchspirale wird in die Luft um die Aura herum gezeichnet und hüllt diese ein. Weihrauch und Myrrhe sind beides heilige Harze, die das Energiefeld wunderbar klären. Hölzer wie Sandelholz und Zeder stärken und erden die spirituel-len Aufgaben in einem gelassenen reinen Kontext.
Ätherische Öle können in der Duftlampe verwendet werden. Noch besser ist es, wenn man ein oder zwei Tropen in den Handinnen-flächen verreibt und die Ausdünstung sanft in das aurische Feld

einführt. Folgende Öle eignen sich dafür besonders gut: Lavendel, Eukalyptus, Geranium und Ylang-Ylang.

<u>Erde oder Sand:</u>

Heilerden – innerlich angewendet – wirken klärend und reinigend für die Haut und die Aura. Erdbäder mit Ghassoul oder anderen Heilerden sind sehr heilend. Man kann die Finger einer Hand in die Erde stecken, wenn man sich unwohl fühlt. Die Erde wird das Unerwünschte aufnehmen. Einen Körperteil oder den gesamten Körper im Sand zu begraben, entlastet von schweren Energien und lädt ihn gleichzeitig mit negativen Ionen auf.

Und zu guter Letzt <u>unsere Gedanken:</u>

Verstehen wir den Inhalt, die Herkunft und die Macht und Kraft unser Gedanken besser, sind wir imstande sie zu steuern, zu klären und einzuordnen, sodass sie unser Energiefeld und unsere Wirklichkeit durch- und beleuchten. Die Priorität liegt darin, die Autonomie der eigenen Gedankenwelt zu pflegen, anstatt das vorprogrammierte Denken unbewusst zu übernehmen. Die Rolle von Glaubenssätzen und überholten Denkweisen in der Aetiologie von Krankheiten dürfte Therapiezugängen einen neuen Ansatz verleihen.

6.4 Inkarnationelle Erfahrungen

Frühere Inkarnationen können in der Aura sichtbar werden, Erinnerungen werden gelegentlich durch die Auratherapie hervorgerufen.

2 600 Fälle, die die Reinkarnation belegen, wurden von Dr Ian Stevenson, dem amerikanischen Psychiater († 2007), gesammelt. Seine Werke sind empfehlenswert. Der Glaube an die Reinkarnation

scheint während der Antike überall verbreitet gewesen zu sein, sogar im Abendland, aus dem er im Jahre 553 beim Konzil von Konstantinopel verbannt wurde. In den drei monotheistischen Religionen ist der Glaube an die Reinkarnation verboten – trotzdem ist über ein Viertel der Europäer davon überzeugt (sogar über 40 % der Katholiken in Frankreich).

In der Auratherapie werden das mentale oder das emotionale Muster und seine möglichen Kettenreaktionen aus vorherigen Leben angesprochen. Ob man Kleopatra oder Alexander der Große gewesen ist, bleibt für uns dabei von geringem Interesse.

Die Erinnerung an frühere Inkarnationen liegt hauptsächlich im Kausalkörper. Bei vielen Menschen ist er noch inaktiv, und somit ist sein Inhalt nicht direkt zugänglich. Interesse und Offenheit sind ein Ansporn, um mehr über die eigene Vergangenheit zu entdecken. Ich spreche wohl überlegt von Interesse und nicht von Neugierde.

In die Auratherapie werden vergangene Leben mit einbezogen bei sich lange hinziehenden, ungelösten Themen, die die Tendenz haben, sich zu wiederholen. Wenn ich anfange zu arbeiten, werde ich öfters mit einem Knäuel oder einer Kette von Erfahrungen konfrontiert. Damit meine ich, dass eine Reihe von Traumata ersichtlich wird, die mich zurück in die Kindheit, dann weiter in die vorherige Inkarnation und noch weiter zurück in andere Leben führt, in denen sich das Muster wiederholt. Kurz zusammengefasst: Ich schenke früheren Leben nur dann Aufmerksamkeit, wenn die Arbeit an Mustern eine Lösung, Erleichterung, Verständnis oder gar Erlösung in die aktuelle Inkarnation bringt.

Auch die Ursache von Phobien liegt in einer vorherigen Existenz. Die Art und Weise, wie wir vormals gestorben sind, prägt natürlich die jetzige Inkarnation. Bestimmte Vorlieben für Farbkombinationen können auch ein Hinweis sein auf Schwierigkeiten, die früher erlebt worden sind, beispielweise bei Menschen, die eingesperrt waren ...

6.5 Amputationen

Ich habe zwar noch nicht sehr viele Klientinnen mit amputierten Gliedern behandelt, trotzdem erwähne ich dieses Thema, denn gerade die Kenntnisse über die feinstoffliche Anatomie und unsere Behandlungsweisen sind sehr hilfreich bei Amputationen.

Die Kirlian-Fotografie eines Blattes, von dem ein Teil abgetrennt wurde, zeigt unmittelbar den fehlenden Anteil als energetisch noch vorhanden. Wir wissen, dass der Imprint oder die Blaupause als Ätherkörper des Blattes noch vorhanden ist. Ebenso verhält es sich mit einem amputierten Körperteil. Die physische Struktur ist weg, aber der Ätherkörper ist nach wie vor vorhanden und verursacht manchmal starke Schmerzen. Warum? Die Energiebahnen und Chakren sind traumatisiert und zertrennt, der Energiefluss ist gestört. Die Auratherapie wird hier Erleichterung bringen und den Lebensfluss wieder herstellen.

Praktisch jeder Amputierte berichtet über Phantomschmerzen. Diese können leicht und sporadisch auftreten oder wetterabhängig bedingt sein. Bei über 50 % der Amputierten sind sie so intensiv und oftmals chronisch, dass sie das Leben stark beeinträchtigen. Allein in Deutschland werden jährlich bei 100 000 Menschen Gliedmaßen abgenommen. Gründe hierfür sind Unfälle, Krebs- und Stoffwechselerkrankungen, die möglicherweise in Gangräne ausarten wie bei Diabetes.

Erfahrungen habe ich als Krankenschwester gesammelt bei Patientinnen, die an Glieder- oder Phantomschmerzen litten, und die auf keine starken Schmerzmittel ansprachen, sondern denen lediglich die feinstoffliche Energiearbeit wie das Aurastreicheln und vor allem die Auraklärung durch Kristalle Linderung verschaffte. In jedem Fall ist es sinnvoll, den Ätherkörper zu berücksichtigen, wenn ein Körperteil fehlt oder wenn der Schmerz keine physische Ursache erkennen lässt.

7. Kapitel

7.1 Negative Energien – eine Einführung

Der moderne Mensch ignoriert weitestgehend die Einflüsse von negativen Kräften als Ursache von Unwohlsein, Krankheit oder psychiatrischen Problemen. Für ihn ist die Weltanschauung der Schamanin oder der Naturheilerin nichts als Aberglaube.

Die Wahrnehmung der Aura und anderer subtiler Ebenen eröffnet einem aber eine neue Dimension, die teilweise Unsichtbares in Verbindung mit Schwingungen zusammenbringt, die der Entropie geschuldet sind.

In diesem Kapitel wollen wir hartnäckige Fälle, komplexe Krankenbilder, unklare Ursachen und gelegentlich auch Kranke, die sich verhext fühlen, in unserer Auraarbeit betrachten.

Empfehlungen für den Umgang mit negativen Energien:
- Man sollte keine starke persönliche Resonanz mit dem Thema der Patientin verspüren oder aufbauen, sondern gesunden Abstand wahren, da sonst die Gefahr besteht, sich in Ängste zu verstricken. Sollte die Identifikation mit der Thematik zu deutlich sein oder werden, ist es ratsam, die Klientin an einen anderen Spezialisten oder einen Kollegen weiterzuempfehlen.
- Auch nicht wünschenswert ist die pathologische Faszination für Negatives, Makabres oder Seltsames.
- Wer sich auf energetisch belastete Behandlungen spezialisiert, sollte die Themen Schutz und Reinigung in jeder Hinsicht gemeistert haben und im Privatleben für einen gesunden Ausgleich sorgen.

Was sind überhaupt negative Energien? Das sind Teilaspekte, die versuchen, sich aus der Ganzheit abzutrennen und gegen die Evolution anzustreben. Energetisch gesehen sind sie gestaute, verzerrte Schwingungen, die auf allen Ebenen zum Ausdruck kommen können: kausal, mental, emotional und physisch-materiell. Zu ihren Eigenschaften gehört auch die Neigung, sich nicht zu erkennen zu geben, was die moderne Auffassung, dass es sie nicht gibt, wunderbar unterstreicht. Deshalb sollte man einen klaren, beständigen Blick für solche Einflüsse entwickeln.

Gelegentlich stellt sich heraus, dass eine tiefe Säuberung der Aura notwendig ist. In solchen Fällen wird wahrnehmbar, dass Gedankenformen und/oder emotionelle Ladungen, sei es als Erinnerung, Fixierung oder Verinnerlichung, sich in einer Schicht der Aura eingenistet haben. Sie können abgekapselt sein oder dazu neigen, sich ausbreiten zu wollen. Ein solcher Mechanismus entsteht durch die persönliche Resonanz mit der Thematik — und das meistens unbewusst: Es hat also immer etwas mit einem selbst zu tun und kann sich auf die jetzige Lebensphase beziehen, oder aber es kann sich um Themen aus vorigen und parallelen Leben handeln. Die in den Auren gespeicherten Informationen und Zellerinnerungen konnten durch Verschiebung, Spalten oder Risse in die feinstofflichen Körper eindringen, wo sie sich dann ein Zuhause schaffen konnten. Manchmal sind deshalb auch Extraktionen nötig.

Über die Jahre hinweg kann sich eine physische Pathologie mit teils unklaren Ursachen wie etwa eine Verzerrung des Skeletts oder der Muskulatur entwickeln. Bisweilen hat die Klientin das Gefühl, dass „da etwas ist". So ein Gefühl stimmt immer! Bindungen in der Aura können eine Abhängigkeit zu Menschen und Situationen aufrechterhalten, auch lange noch nach einer Trennung. Die Auratherapie ist durchaus geeignet, solche Blockaden auf undramatische Art zu behandeln.

Zu einer einwandfreien Vorbereitung zählt einerseits die Raumvorbereitung, anderseits die Vorbereitung der Heilerin. Zur energetischen Raumvorbereitung kann man die Klärung mit Hilfe von Klang sowie Räucherungen, aber auch die Aktivierung des Raumbewusstseins durch die Lichtsäule oder die Präsenz des Höheren Selbst der Praxis durchführen. Die Ärztin verbindet sich mit ihrer Höheren Instanz durch den Zentralkanal. Es ist unabdingbar, dass sie sich in einem ausgeglichenen, fokussierten und klaren Zustand befindet. Angstfrei, gelassen und selbstsicher sollte sie sein – auf gar keinen Fall überarbeitet oder unkonzentriert. Eine aufgesetzte Ruhe wird von den Patientinnen und verzerrten Energien durchschaut und ausgenützt. Wahrhaftigkeit ist unentbehrlich, sonst zieht man Schwierigkeiten an.

Die innere Einstellung und der Umgang mit Schwingungen beinhaltet das Wissen, dass alles Energie ist, und Energie kann umgewandelt werden. Das zweite Postulat ist, dass es nur eine einzige Quelle gibt.

Die Haltung gegenüber der Klientin und der Situation steuert letztendlich den Erfolg der Arbeit. „Hard on the issues, soft on the people – Streng mit dem Thema, sanft zu den Menschen", lautet die Haltung der Behandlerin, die urteilsfrei den Protagonisten entgegentritt. Zuversicht und Kompetenz sind immer dabei, auch wenn die sichtbaren Ergebnisse oder Fortschritte gering oder nicht so spektakulär sind, wie man es sich wünschen würde. Lügen oder verwaschene Antworten verunsichern oder lassen Zweifel beim Gegenüber aufkommen.

Der Ausdruck der Heilkundigen ist fachlich, neutral und undramatisch, unabhängig davon was geschieht – oder eben nicht geschieht. Im Fluss bleiben mit der Situation, wobei Humor eine wichtige Beigabe sein kann, denn er lockert die Stimmung. Negativität, die Humor nicht mag, wird geringer.

Es empfiehlt sich auch, ohne Eile zu arbeiten, sich Zeit zu lassen, besonders bei schwierigen Konstellationen, die Komplikationen hervorrufen könnten. In manchen Fällen ist es ratsam, einen medizinischen Zeugen bei sich zu haben.

Sollte die Klientin nicht glaubwürdig erscheinen, so ist sie dennoch immer ernst zu nehmen und ihr Bericht in die Therapie mit einzubeziehen. Wir arbeiten ausschließlich mit dem subjektiven Erlebnis des Menschen.

Wenn möglich sollte nach einer Behandlung nicht sofort die nächste anschließen, und es sollte auch kein Wartesaal voller Patienten eingeplant werden.

Manchmal kommen die Leute nur deshalb zu einer Ärztin, die auch Auratherapie anbietet, weil andere Methoden unzureichend oder erfolglos geblieben sind. Ohne uns von den Erwartungen beeinflussen zu lassen, ist es adäquat, sich diesem menschlichen Anspruch stets bewusst zu sein.

Welche Art von Patientinnen und welche Art energetischer Verwicklungen ziehe ich an? Diese Frage dürfen wir uns gelegentlich stellen.

7.2 Arbeit am Rücken

Die Arbeit am Rücken habe ich vor über 20 Jahren aus alltäglichen Beobachtungen und aus persönlichen Erfahrungen entwickelt. Die Arbeit am Rücken ist hervorragend dazu geeignet, um Altlasten zu klären, zu erleichtern und aufzulösen.

Nicht nur symbolisch hängt die Vergangenheit am Rücken, vor allem der nicht verarbeitete Ballast. Vieles davon ist unbewusst, tief vergraben im Gedächtnis, aber an einiges wird die Patientin sich deutlich erinnern.

Der erste Aspekt ist, dass die Altlast eine gewisse Schwere in sich birgt, die das gegenwärtige Leben prägt und färbt und die Lebensqualität fast unmerkbar trübt wie eine graue Brille, die der Mensch ununterbrochen trägt. So sei das Leben, glaubt er, denn er kennt es nicht anders.

Die Auraarbeit am Rücken kann ihm eine ganz andere Lebensqualität bescheren, eine höhere Frequenz und bessere Gesundheit.

Zweitens neigt diese Vergangenheit dazu, ihn zurückzuholen, kurz nachdem er sich auf einen Erfolgskurs begeben hat. Entweder ist er am Genesen oder er hat einen neuen Lebensweg eingeschlagen, und, wie verhext, wird er wie von einem unsichtbaren Gummiband zurückgeholt, dorthin wo er zuvor gestanden hatte. Vielleicht kommt er zu dem Schluss, nicht für das Glück geschaffen zu sein. Weit gefehlt!

Das ist der Aberglaube, der sich auflöst, sobald wir die Energien am Rücken näher betrachten.

- <u>Kapseln</u> können in der Aura im Rückenbereich sichtbar sein. Das sind abgekapselte Energien, die meist aus verdrängtem Material entstanden, vorwiegend in der Kindheit. Dazu zählen Dinge, Worte, Blicke, Augenblicke, die „nicht sein durften". Sie gehören also zum Verbotenen und wurden gleich abgekapselt, bevor man Zeit hatte, sich damit auseinanderzusetzen (wozu man sowieso nicht ermutigt wurde). Grundsätzlich sind die einzelnen Kapseln relativ harmlos, bis sie sich in allzu großer Zahl ansammeln und die Person sich überlastet fühlt, unter Druck gerät oder neurotisch wird.

- <u>Fixierungen</u> sind meist Gedankengänge, die sich wie in einer eindimensionalen Schleife im Kreis drehen. R. D. Laing hat sie" Double binding" (Doppelfesseln) genannt. Das ist ein „Entweder-Oder-Dilemma", wobei beide Möglichkeiten uns vom Seelenziel fernhalten und tiefe Hilflosigkeit und Frustration hervorrufen. Energetisch erscheinen sie gelegentlich wie verzerrte spiralförmige Energien in der Aura.

- <u>Negative Gedankenformen</u> sind mentale und emotionale Einheiten, die sich in psychischen Entitäten gebildet und sich in eine entropische Richtung entwickeln haben. Sie sind also schon längere Zeit in der Aura vorhanden und verschmutzen bereits den Ätherkörper. Es sind Schemata, die zu negativer Realitätserschaffung führen und zur Wiederholung neigen. Der physische Ausdruck äußert sich u. a. in Energieverlust, Uneinsichtigkeit, süchtigem Verhalten, sei es auf Nikotin, Alkohol, zucker- und glutenhaltige Nahrungsmittel („Die Weizenwampe" von Dr. William

Davis) sowie in Abhängigkeitsverhalten gegenüber elektronischen Spielen. Eine Resonanz zu Bakterien und Viren ist vorhanden.

- <u>Astrale Larven</u> sind Gedankenformen, die sich verselbstständigen und sich als negative Egregore in der Aura niederlassen. Diese ziehen wiederum Larven aus der unteren astralen Ebene an die Astralaura; sie ernähren sich von Körperflüssigkeiten.

Eine der Arbeitsweisen am Rücken besteht darin, die globale Aura am Rücken durch die Kammtechnik von oben nach unten zu klären, also vom Bereich des Hinterkopfs bis hinab zu den Fersen in angemessenem Rhythmus, was von einem sanften Streicheln bis zu deutlichen, einordnenden Bewegungen variieren kann.

7.3 Aurachirurgie und Exstirpationen

Das Herausholen von verkapselten Gedankenformen oder eingenisteten Gefühlen verlangt Fingerfertigkeit und Gewandtheit. Dafür werden die Auraschichten bearbeitet, was zu einem chirurgischen Eingriff in den feinstofflichen Körper führt. Die Erlaubnis der Klientinnen ist unentbehrlich. Schmerz, Traumata, Unbehagen aus früheren Leben oder Folgen alter Verletzungen durch Waffen werden durch diese Technik gelindert.

Die Aurachirurgie wird meistens im Ätherkörper an Stellen durchgeführt, die immer wieder hartnäckige Symptome aufweisen. Manchmal sind fremde Gedanken, Gefühle oder Ängste an diesen Körperstellen abgekapselt, die so verinnerlicht sind, dass es den Anschein hat, sie gehörten zu dieser Person – und so werden sie auch empfunden. Ein parasitäres Verhältnis hat sich manchmal über viele Jahrzehnte etabliert, was zu körperlichen Deformierungen führen kann. So kann durch eine verschobene Auraachse mit der Zeit ein verschobenes oder gebeugtes Körperteil oder eine nicht mehr gerade stehende Wirbelsäule entstehen. In tieferen Schichten der Aura liegen auch Traumata aus vorherigen Inkarnationen sowie die energetische Prägung oder Erinnerung an eingebettete Gegenstände wie beispielweise Dolche, Schwerte, Schusswaffen etc. Diese Energiewunden schwächen die Webart der Aura, die mit entsprechenden Pathologien in Resonanz tritt.

Die Aurachirurgie und die Exstirpationen werden in den betroffenen Auraschichten mit Hilfe unserer Energiehände auf achtsame, undramatische Weise durchgeführt. Zum Schluss muss die Aura sorgfältig versiegelt und innerhalb einer Woche kontrolliert werden.

Die Zustimmung und die Zusammenarbeit mit der Klientin sind auch hier wieder unverzichtbar. Rückmeldungen und tiefe Einsichten können sich aus solcher Arbeit ergeben, was schlussendlich zur Befreiung und Genesung führt.

7.4 Durchtrennung der Energiebänder

In manchen zwischenmenschlichen Beziehungen entsteht eine Bindung, die die Freiheit des einen Partners einengt und versucht, diesen zu kontrollieren, zu beeinflussen oder zu beherrschen. Übersinnliche Bande haken sich ein an Chakren und Auren und finden sich oft zwischen Familienmitgliedern, Paaren, Geschäftspartnern aus dieser oder aus vorigen Inkarnationen.

Für das Abtrennen dieser Energiebande sind die explizite Zusage und die Mitarbeit der Hilfesuchenden unentbehrlich. Diese Methode ermöglicht es ihr, ihr eigenes Energiefeld zu bewohnen.

Eine zu offene Aura, eine unzureichende Abgrenzungsfähigkeit, eine zu große Durchlässigkeit oder auch eine ausgeprägte Chamäleon-Tendenz können dazu führen, dass ein Mensch sein Energiefeld aufnahmefähig macht für bindende Elemente aus seiner Umgebung. Oftmals besteht eine Unausgewogenheit zwischen zwei Kontrahenten: Einer ist wesentlich jünger, unerfahrener, schwächer oder irgendwie unterlegen oder fühlt sich zumindest so, möge es auch „nur" unbewusst sein.

Die Bänder zwischen den Menschen entstehen aus Abhängigkeitsmustern („Ich kann nicht ohne dich leben"), Herrschsucht oder übertriebener und falsch verstandener Fürsorge. In jedem Fall fehlt das Loslassen bis zu einem Punkt, an dem natürliche Kontakte zwischen den Familienmitgliedern oder Partnern von Energiebindungen überlappt werden. Das „Eingebettet-Sein", wird missverstanden und resultiert in einem „Angebunden-Sein", was die persönliche Autonomie einschränkt. Manchmal erzählt eine Patientin, dass sie die Gedanken des anderen empfängt oder sogar hört, oder dass die andere Person öfters in ihren Träumen erscheint und ihr sagt, was zu tun sei. Vor allem Personen mit reduzierter Lebenskraft und Motivation sowie depressive Menschen bringen teilweise diese Energiebänder-Abhängigkeit mit.

Auch Verstobene können Bänder in den Auraschichten, Chakren oder Organen von Lebenden hinterlassen. Das Durchtrennen erfolgt mit Zustimmung und Kooperation der Patienten. Rückmeldungen während und nach der Einzelsitzung sind wichtig, um den Ablauf und eventuell weitere Termine zu bestimmen.

Das eigentliche Durchtrennen ist wesentlich wichtiger als die Antwort auf die Fragen wie, wo, warum und wann diese Bindung geschaffen wurde.

7.5   Auflösung alter Gelübde

Erfahrungen von Sklaverei, Schwüren und Versprechungen können gelegentlich in der Aura festgestellt werden und den Menschen in diesem Leben unbewusst in seiner Entfaltung beeinträchtigen.

Auch Machtaufgaben gegenüber einer politischen, religiösen oder okkulten Gemeinschaft, der Familie, einer Beziehung oder einer Arbeit stehen nicht im Einklang mit dem Seelenziel des Individuums.

Ebenso sind Schwüre, Eide und Gelübde tief verankert und prägen unbewusst unsere Ausrichtung in diesem Leben. Bestimmte Hemmnisse, die dazu führen, dass bei jemandem etwas trotz großer Bemühungen unerreichbar bleibt, sollten in diesem Licht untersucht werden.

Es gibt unterschiedliche Vorgehensweisen, um Gelübde aufzulösen. Beeindruckend ist die allgemeine Verbesserung der Lebenskraft, die sich nach der energetischen Befreiung einstellt.

7.6   Befreiung von sexuellem Missbrauch

Sexueller Missbrauch war und ist sehr verbreitet. Erst in den letzten Dekaden wird offen darüber gesprochen, werden Gesetze erlassen und Therapien angeboten. Wir haben alle aber bereits viele Leben in männlichen und weiblichen Körpern durchlaufen.

Die Klärung von sexuellem Missbrauch erfordert eine intensive Zusammenarbeit zwischen Patientin und Heilerin auf einer tiefen Vertrauensbasis. Hier wird die Therapeutin sicher-stellen, dass sie die richtige Kompetenz besitzt, bevor sie mit der Klärung des energetischen Abdrucks des sexuellen Missbrauchs beginnt. Auch bei dieser Thematik bedarf es der ausdrücklichen Zustimmung der Klientin und, falls möglich, der Gegenwart eines zuverlässigen Zeugen.

Es kommen unterschiedliche Methoden der Auraarbeit gemeinsam zum Einsatz, abhängig von vielen Faktoren. Eine gründliche Aurareinigung ist unbedingt angesagt. Obwohl wir sie in den meisten Fällen mit unseren Energiehänden durchführen und ausschließlich ohne physische Berührung in den feinstofflichen Schichten arbeiten, kann es vorkommen, dass bei der Behandelten traumatische Eindrücke im Bewusstsein auftauchen und eine starke Reaktion hervorrufen, als ob eine Berührung stattgefunden hätte. Aus diesem Grund ist es von Vorteil, einen Zeugen dabei zu haben.

Die Klientin sollte immer wieder in die Gegenwart zurückgebracht werden. Eine Regression in eine traumatische Situation würde sich als energetisch unpassend erweisen, denn sie verstärkt einmal mehr die schmerzhafte Erinnerung auf der Festplatte der Seele und würde auch eine Empfänglichkeit für fremde Energien fördern.

Mitunter begegnet die Ärztin einer Reihe von feinstofflichen Imprints, die sich über mehrere Inkarnationen ausdehnt. Perfektion oder absolute Reinheit ist im Rahmen von Energiearbeit nicht anstrebbar, das gegenwärtige Wohlbefinden der behandelten Person steht im Vordergrund.

Die Täter-Opfer-Thematik wird in den meisten Fällen vorhanden sein; ob latent oder vordergründig wird die Behandlerin bereits am Anfang feststellen. Äußerst wichtig wäre es, dass der Mensch lernt, die Situation im Alltag mit Hilfe der Imagination sowie mit kleinen Übungen zu steuern, die ihm zeigen, dass er sein Schicksal eigenständig lenkt und entscheidet.

Zum Schluss wird die Aura noch einmal gründlich mit Rosenessenz und einem Rosenquarz gereinigt. Dann wird ihre Beschaffenheit überprüft, und die Konturen werden versiegelt.

7.7 Fremdenergien

Wir sind von Wesen umgeben. Alles ist eins, aber jeder trägt die Verantwortung für seine Einheit. Alle Wesen, unabhängig von ihren Erfahrungen, ihrer Herkunft und ihren Motivationen beeinträchtigen ihre eigene Entwicklung und die ihrer mehr oder weniger freiwilligen „Gastgeber", wenn sie sich an das Energiefeld eines Menschen anbinden.

Verstorbene und andere Energien aus der niedrigen Astralebene bilden die große Mehrheit der ungebetenen Gäste.

Menschen, die undifferenziert mit psychischer Energie experimentieren, ahnungslose Personen, die sich nicht abgrenzen können, die stets negativ oder emotional labil sind, bieten ein gutes Heim für mögliche Wesensanbindungen. Unfälle, Operationen, Traumata in Verbindung mit ungünstigen Veranlagungen öffnen die Tür für Fremdenergien, die dem Gesetz der Resonanz folgen. In extremen Fällen kann Besessenheit entstehen. Amokläufer und Serienkiller handeln durch die Auswirkung von Fremdbeeinflussung. Der Einfluss parasitärer Entitäten auf die Menschheit ist unermesslich, auch wenn diese im Verborgenen wirken.

Die Arbeit mit Fremdenergien sollte nur von erfahrenen Therapeutinnen mit ausgezeichneter Unterscheidungsfähigkeit im energetischen Bereich durchgeführt werden. Die Notwendigkeit, geerdet, zentriert mit klarer Absicht zu arbeiten, ist dafür stets Voraussetzung.

Hier wollen wir genauer definieren, wer/was diese Fremdenergien sind:

- Es sind Teilaspekte, die sich in der Aura niederlassen. Im Einklang mit den natürlichen Gesetzmäßigkeiten ist nur eine Seele pro Aura, sprich Körper, vorgesehen. Es ist ein Verstoß gegen dieses Gesetz, denn jedes Mal, wenn eine fremde Entität den Raum der zugehörigen Seele teilen will, geht es um eine ernsthafte Grenzüberschreitung.
- Teilaspekte des Selbst, die sich verselbstständigt haben, vor allem traumatisierte Anteile, die sich nur noch darauf konzentrieren, das Leiden weiterzugeben, zählen ebenfalls zu den Fremdenergien. Es ist bekannt, das Misshandlungsopfer dazu neigen, die erlittene Gewalt weiterzugeben, wenn sie ihrerseits auf schwächere Wesen treffen.
- Verstorbene Verwandte und Freunde
- Verstorbene Menschen, die ähnliche Probleme oder Abhängigkeiten aufwiesen, wie die Person, die sie jetzt bewohnen.
- Wesen, die nicht wissen, dass sie gestorben sind.
- Opfer von schwarzer Magie
- Implantate und Microchips

Das Ausleiten von Entitäten befreit den Menschen von vielen Problemen, gesundheitlicher, psychischer, sozialer, zwischenmenschlicher Art etc.

7.8 Drogen in der Aura

Alle Drogen, ob legal (Pharmaindustrie) oder illegal sowie alle Verhalten, die zu übertriebenem Konsum und zu Abhängigkeit führen, engen den Menschen in seiner Souveränität und Selbstbestimmung ein, schwächen sein Energiefeld auf allen Ebenen, bremsen seine Entwicklung und binden an unsichtbare Abhängigkeitsnetze, die sich vom Menschen ernähren.

Alle Arten von Drogen sind unter den modernen Menschen weit verbreitet und öffnen Türen für vielschichtige Pathologien.

Hier spielt die Heilerin eine wichtige Rolle, indem sie die Klientin informiert, aufklärt, belehrt und deren Bewusstsein anhebt. Der Erfolg der Therapie basiert auch in diesem Fall auf deren Bereitschaft zur Veränderung und der Zusammenarbeit.

7.9 Indigokinder

Von Nancy Anne Tapp so genannt, zeigen die Kinder des neuen Typus viele Merkmale, die den matrixartigen Strukturen dieser Welt frontal widersprechen: Unabhängigkeit, Selbstbewusstsein, Ungehorsam und erhöhtes Bewusstsein.

Solange von ihnen nicht verlangt wird, sehr lange still sitzen zu müssen, sprechen sie auf die Sanftheit und die Tiefe der Auratherapie gut an. Ihre Rückmeldung kann beeindruckend sein.

7.10 Aura bei Tieren

Ich kann Sie nur ermutigen, die Auren dieser Wesen zu ergründen: Sie sind eine wahre Quelle der Freude, der Erkenntnis und der Weisheit für den Menschen.

Die Wahrnehmung der Aura von Wesen der drei niederen Reiche verleiht dem Menschen tiefe Einsichten in deren Empfindungs- und Gefühlswelt, sodass wir unbedingt überdenken müssen, ob wir mit Tieren, Pflanzen und Mineralien bzgl. der Ausbeutung der Natur, Tierversuche ... weiterhin so wie bisher umgehen dürfen.

8. Kapitel

8.1 Protokoll einer Auratherapiebehandlung

<u>Aura-Harmonisierung</u>

- Ein Glas Quellwasser oder gefiltertes Wasser trinken.
- Freundliche Begrüßung.
- Erklären, wie die Zusammenarbeit abläuft.
- Sich verbinden – „ätherische Handschuhe" anziehen – Sinne einstellen.
- Die Klientin zu Wort kommen lassen: Auch wenn Sie eines Tages so hellsichtig, erfahren und begabt sind, dass Sie sofort wissen, was mit der Patientin los ist, geben Sie ihr während der Behandlung bitte die Möglichkeit, sich verbal ausdrücken zu können. Zuhören ist eine grundsätzliche therapeutische Eigenschaft.
- Eventuelle falsche, unrealistische Erwartungen auffangen und in einen klaren, realistischen Rahmen umwandeln.
- Scannen, Prioritäten setzen.
- Rücksprache halten:
  - Erklären, was durchgeführt wird,
  - um Rückmeldung bitten,
  - beobachten: die Reaktionen des physischen Körpers ebenfalls mit einbeziehen,
  - rückversichern, dass alles zufriedenstellend abläuft.
- Nach Bedarf Empfehlungen abgeben: Jeder kann für sich sehr einfache Dinge tun. Selbsthandlung unterstützen im Gegensatz zu Abhängigkeit.

- Auraarbeit nach Bedarf. Spezifisches, wenn nötig. Eventuell andere Therapien zur Ergänzung anbieten.
- Hoffnung und Mut machen.
- Klienten nicht an sich binden, sondern sie dazu ermutigen selber zu spüren, zu wissen, wann weitere Behandlungen notwendig sind.
- Eventuell eine andere Therapeutin empfehlen.
- Abschlussritual für Klientin und Heilerin. Eventuell Bande zwischen beiden trennen, Raum klären.
- Vernünftige Honorare verlangen.
- Gutes, energetisches Wasser trinken.

8.2 Ethik

Die Menschheit ist jetzt bereit, in ihre Kraft und ihre Macht zu kommen und ihre Fähigkeiten – ihr Geburtsrecht – wieder zu erkennen, zu entwickeln und sie im Dienst am Leben einzusetzen.

Etymologisch heißt Therapeut „Diener": Die Therapeutin dient dem lebendigen Prinzip, zuerst einmal in sich selbst, und strebt nach innerem Gleichgewicht, um dann anderen Heilung anbieten zu können. Die medialen Begabungen und das Bewusstsein werden sich bei jedem entfalten, bei jedem auf individuelle Weise. Sie werden eine Quelle der Freude, der Zuversicht, der Liebe für alles, was lebt und der Weisheit auf Erden.

Der ethische Umgang mit den medialen Fähigkeiten ist eine ganz persönliche Sache zwischen Ihnen und Ihrer Höheren Instanz. Auralesen als Partyunterhaltung, um Macht über andere zu gewinnen, um mit eigenen Fähigkeiten anzugeben oder sie erzwingen zu wollen, zieht entsprechende Leute und Verstrickungen an.

Gesetzmäßigkeiten und Verantwortung ebnen den Pfad.

Aurélienne Dauguet

AURATHERAPIE

für
ÄRZTE,
THERAPEUTEN
und
interessierte
LAIEN

TEIL 2: PRAXISBUCH

161

Einleitung

Die im Buch beschriebenen Anleitungen dienen der Klärung und Harmonisierung von feinstofflichen und energetischen Blockaden. Sie stärken die hellseherischen Fähigkeiten und andere latente intuitive Veranlagungen. Es wird nochmals darauf hingewiesen, dass sie keineswegs medizinische und andere fachmännische Behandlungen ersetzen. Die Übungen werden im eigenen Ermessen und in eigener Verantwortung durchgeführt. Der Verlag und die Autorin übernehmen keinerlei Verantwortung für unangemessenes Praktizieren.

Dieses Praxisbuch ist die Ergänzung zum vorangestellten Lehrbuch und beinhaltet leichte Übungen, die alleine oder zu zweit durchgeführt werden können.

Hier geht es also um die Praxis, wie Sie lernen können, Ihre persönlichen Erfahrungen mit Aurawahrnehmung und Energieumwandlung zu entfalten. Das Erlebte, das Empirische und das Subjektive stehen im Vordergrund, im Gegensatz zum theoretischen Inhalt des Lehrbuchs. Schriftliche Anweisungen sind jedoch nur ein schwacher Ersatz zum lebendigen Unterricht in einer Klasse oder in privaten Sitzungen, wo viel mehr auf persönliche Begabungen oder Schwerpunkte eingegangen werden kann. Ich habe absichtlich auf grundsätzliche Übungen zur Entwicklung der Sensitivität verzichtet, wie sie in der sonstigen Fachliteratur zu finden sind, auch wenn sie eine brauchbare Basis für das Hellsehen darstellen. Hier wird nur eine kleine Auswahl von Übungen vorgestellt, die in der Ausbildung angeboten werden.

Meistens sind Kursteilnehmer überrascht, wie leicht und schnell die feinstoffliche Wahrnehmung ohne langwierige Meditation oder ähnliche Vorbereitungen erweitert werden kann. Ich gehe davon aus, dass hellsichtige Fähigkeiten bei allen Menschen latent vorhanden sind, und habe herausgefunden, wie sie spontan hervorgerufen werden können – ohne zu viel zu denken und sich gerade dadurch von der Intuition zu entfernen. Das heißt nicht, dass wir nicht zu üben brauchen. Im Gegenteil. Das Üben im Loslassen und Zulassen und vor allem die Umstellung auf die feinstoffliche Wahrnehmung sind die großen Herausforderungen. Auch hier gilt "Übung macht den Meister", weil dadurch neue Synapsen im Gehirn gebildet werden, und die Fähigkeit sich zu entfalten eng mit dem Faktor Zeit verbunden ist.

Die allgemeine Feinfühligkeit der Menschen ist heute weiter entwickelt, als sie es noch vor einigen Jahren war. Bewusstsein und Interesse für die Feinstofflichkeit finden jüngere Menschen mittlerweile fast selbstverständlich. Als ich vor 30 Jahren mit meiner Tätigkeit begann, war die Wahrnehmung nicht nur eingeschränkter, die Leute haben sich auch nicht getraut zu spüren, zu sehen und zum Ausdruck zu bringen, was sie tatsächlich erlebt hatten.
Die Aktivierung des Bewusstseins in einem bestimmten Lebensbereich tritt durch morphogenetische Felder mit anderem Gewahrsein und anderen Interessen in Resonanz, und es findet ein Mitschwingen statt, das neue Tore öffnet. Allmählich erwacht das unbewusste feinfühlige Potential vieler Menschen, der Zugang ist frei, das Erlernen fällt leicht und wird ganz selbstverständlich in den Alltag integriert.

Patienten und Klienten sind dankbar und empfänglich für Neues, Feines und vor allem für alles, was unmittelbar Erleichterung verschafft. Und das gelingt der Auratherapie dadurch, dass sie den Energiefluss wieder ermöglicht und das gesamte System harmonisiert, was wiederum den eigenen Ressourcen Möglichkeiten und Impulse zur Selbstregeneration, Selbstregulierung und Selbstheilung bietet. Die Auraarbeit ruht auf anderen Paradigmen, die stets nach Wiederherstellung des Gleichgewichts im Organismus streben. Dazu zählen das sogenannte Unsichtbare, das Gewahrsein, feinstoffliche Gesetzmäßigkeiten und energetische Alchemie.

Last but not least ist dieses Praxisbuch auch als Arbeitsbuch gedacht und deshalb mit leeren Stellen nach den meisten Übungen versehen, sodass Sie Ihre Beobachtungen und Ihre Reflektionen im Anschluss notieren oder aufzeichnen können. Vertrauen Sie Ihrer Imagination und schreiben oder skizzieren Sie Ihre Eindrücke in die dafür vorgesehenen freien Abschnitte im Buch. Es soll kein Kunstwerk entstehen, sondern Ihr hellsichtiges Potenzial und die Fähigkeit, sich in eine Situation einzufühlen, die Sie aus dem Standpunkt Ihrer feinstofflichen Reaktion erlebt haben, sollen angeregt werden.

Wie bereits im Lehrbuch habe ich mich der Einfachheit halber entschlossen, ausschließlich die weibliche Form zu verwenden. Dadurch möchte ich den Mut, die Offenheit und die Kompetenz der vielen Frauen, die sich als Klientinnen und Interessierte mit der Auratherapie auseinandersetzen, herausstellen und unterstreichen. Natürlich zeigen auch Männer außerordentliche Begabungen und

leisten wertvolle Beiträge im feinstofflichen und energetischen Bereich.

Brücken werden geschaffen zwischen der Intelligenz des Herzens
und dem Empfinden des Denkens. Die Entfaltung des Fühlen-
Denken-Aspekts stellt eine aktuelle Herausforderung auf dem Weg
des Entwicklungspotenzials der Menschheit dar. Hier werden zwei
Konstellationen versinnbildlicht: einerseits die Zusammenarbeit
beider Gehirnhemisphären, andererseits die Verbindung zwischen
dem Herz- und dem Stirnchakra. Beide Energiezentren finden ihren
Ausdruck innerhalb des Ananda Khandas (auch 4 1/2-Chakra genannt) als die höhere Kommunikation des Herzens.

Übung 1: Aktivierung des Corpus Callosum

Die rechte Gehirnhälfte ist zuständig für alle musischen, intuitiven und empfänglichen Prozesse. Da der Schwerpunkt unseres gesellschaftlichen Denkens/Verhaltens analytisch orientiert ist, ist sie bei den meisten Menschen weniger entwickelt als die linke. Es geht hier aber nicht darum, nur subtile Wahrnehmungen zu entwickeln, sondern die Fähigkeiten beider Gehirnhälften auszugleichen und vor allem, diese zu verknüpfen.

Die Zusammenarbeit beider Hemisphären zu stärken und zu aktivieren ist unter anderem die Aufgabe des Corpus Callosum und das Ziel dieser Übung. Neue Synapsen entstehen, um neues Wissen aufzunehmen, zu speichern und natürlich umzusetzen. Wir wollen also nicht nur eine Hemisphäre fördern bzw. nur noch intuitiv und fühlig werden, weil das wiederum einen anderen Aspekt unseres Wesens vernachlässigen würde. Die Auratherapie strebt ein Gleichgewicht zwischen beiden Hälften an durch die Aktivierung des Corpus Callosum. Unsere spirituellen Fähigkeiten sind latent vorhanden und warten nur auf ein „Erwachen" durch die bewusste Anregung dieser Verbindung. Funktionieren beide Gehirnhälften synchron, arbeiten sie klar, präzise und gleichzeitig umfangreich und zusammenhängend, im Detail und in der Gesamtheit, so wird der Mensch sowohl in seiner Multidimensionalität als auch in seiner Individualität betrachtet.

Mit beiden Aspekten des Gehirns, die sich ergänzen und vervollkommnen, zu arbeiten, das ist der Sinn und Zweck dieser Übung. Allmählich werden sie beobachten, wie Ihr Verstand von Ihrer Inspiration und Ihre Intuition bereichert werden. Vielleicht merken Sie mit der Zeit auch, wie häufig Sie Ihre innere Weisheit (und darum geht es schlussendlich) bereits in Ihre Entscheidungen mit einbeziehen. Sie werden die Welt eher in ihrer Ganzheit begreifen und viele neue Verbindungen herstellen, die für viele nicht ersichtlich sind. Sie werden mehr vom Leben haben, wenn beide Gehirnhälften aktiv zusammenarbeiten. Und Sie können diese erweiterte Wahrnehmung in ihrem Beruf nutzbringend einsetzen.

Setzten und entspannen Sie sich, vor allem ihre Augenpartie. Atmen sie ruhig. Am besten schauen Sie auf eine weiße Wand und lassen Ihren Blick langsam von rechts nach links gleiten und umgekehrt – einige Minuten lang ohne zu übertreiben, d. h. Sie bemerken, wenn es reicht. Sonst könnten Sie tatsächlich Muskelkater im Augenbereich bekommen. Die Wirkung der Augenbewegung ist im Gehirn deutlich spürbar. Wie der amerikanische Ophthalmologe und Bewusstseinsforscher Marc F. Liebermann durch seine persönlichen Erlebnisse und medizinische Forschung gezeigt hat, besteht eine tiefe Übereinstimmung zwischen Gewahrsein und Sehfähigkeiten und Wahrnehmung.

Schließen Sie nun die Augen, und gönnen Sie dem Sehen Ruhe. Machen Sie die Übung lieber über einen kürzeren Zeitraum, dafür mehrmals. Anschließend können Sie, falls nötig, noch das sogenannte Palming durchführen, siehe Übung 4.

Notieren Sie hier Ihre Erlebnisse:

Übung 2: Testen Sie Ihre Fähigkeit zum Vorahnen

Lassen Sie zu, einmal für kurze Zeit „nicht zu wissen" und sich unvoreingenommen nur „auf Empfang" zu stellen.

So entwickelt sich erst einmal Leere, ein Augenblick zwischen den Augenblicken, in dem eine weiße Leinwand vor ihrem geistigen Auge erscheint. Wo nichts ist, entsteht ein Vakuum.

Das Nicht-Wissen zieht Wissen an. Benutzen sie nicht Ihre analytische Seite, sondern lassen Sie (sich) etwas einfallen. Etwas, das sich richtig anfühlt. Dann sind Sie schon auf dem richtigen Weg.

Ein Beispiel: Anstatt den Namen des gespeicherten Anrufers gleich zu lesen, stellen Sie sich darauf ein, mit Hilfe Ihrer Intuition die Identität der Person ausfindig zu machen, die Sie gerade anruft. Fahren Sie Ihre Antennen aus und erahnen Sie, wer am Apparat sein könnte. Sie können so Ihre Fortschritte messen.

Eine andere Möglichkeit wäre, einer Sprache zuzuhören, derer man nicht mächtig ist, und sich einzufühlen, zu erahnen, was da besprochen wird. Plötzlich bemerken Sie, dass Sie mehr mitbekommen, als Sie nur vom Kopf her verstehen. Lassen Sie sich das Gesagte übersetzen und was Sie erspürt haben bestätigen. Es ist ein spielerisches Lernen, was der Qualität der Intuition und Imagination entspricht. Sie bilden wichtige Werkzeuge für die Erforschung der unsichtbaren Ebenen.

Noch eine Variante: Spüren Sie hinein, wann es für Sie am günstigsten ist, eine bestimmte Tätigkeit durchzuführen. Fühlt es sich besser an am Morgen oder am Abend, heute oder morgen, diese oder nächste Woche oder sollten Sie lieber noch länger warten? Auch wenn Sie über einen engen Zeitplan verfügen, werden Sie „Spielräume" erschaffen und ihre Vorahnungsfähigkeiten entfalten.

Ihre Beobachtungen:

Übung 3: Aurabewusstsein

Stimmen Sie sich bewusst auf die Tatsache ein, dass jeder Mensch von Energien umhüllt ist, und machen Sie sich zuerst bewusst, dass Sie jenseits Ihres physischen Körpers eine Art Emanation besitzen. Vielleicht fühlt sich das an wie ein sehr leichter Luftzug oder ein Kokon aus Zuckerwatte.

Erinnern Sie sich an einen Tag, an dem sie verliebt waren oder einen Erfolg gefeiert hatten? Wie war da Ihre Aura, wie fühlte sie sich an, wie sah sie aus? Denken Sie dann an einen Tag, an dem Sie enttäuscht oder sehr traurig waren.

Beschreiben Sie Ihre Aura bei dieser Gefühlslage. Fühlen Sie in sich hinein, schauen Sie sie mit ihrem geistigen Auge an.

Übung 4: Der weiche Blick und Palming

Unter dem weichen Blick versteht man das nicht fokussierte Sehen, im Gegensatz zu unserem im Alltag üblichen fixierenden Blick. Lassen Sie vor einem neutralen Hintergrund – entweder weiß oder schwarz – den Blick völlig entspannt in die Ferne schweifen, also jenseits des Objekts, ohne es direkt anzusehen.

Sie können Ihre Wahrnehmungen niederschreiben, aufzeichnen oder malen beim Betrachten einer Person, die einmal vor einem weißen, einmal vor einem dunklen Hintergrund steht.

Einerseits ermöglicht Ihnen diese Übung ausfindig zu machen, welcher Farbton – hell oder dunkel – Ihre Hellsichtigkeit am meisten anregt. Anderseits entdecken Sie Gegebenheiten, die bei beiden Varianten vorhanden sind, sodass Sie in Ihre Arbeit je nach Situation beide einfließen lassen können. Dies verleiht Ihnen eine größere Flexibilität, die Sie weniger abhängig von den Umständen macht.
Das Palming unterstützt die Umstellung vom gewohnten fokussierten Blick zum sanften Blick. Dimmen Sie dazu das Licht im Raum. Dann werden die Hände aneinander gerieben und dadurch energetisch aufgeladen. Stützen Sie die Ellenbogen auf einen Tisch und legen ihren Kopf locker in Ihre Hände. Die Augenpartie ruht in den Handinnenflächen ohne Druck auf den Augenapfel. Schulterbereich und Nacken sind vollkommen frei von Anspannung. Sie genießen die wohltuende Wirkung Ihrer Hände auf die Augenpartie, Sie spüren die Wärme, das Loslassen, und Sie driften sanft in einen Alphazustand. Halten Sie diesen mindestens 10 Minuten bei. Kommen Sie dann wieder langsam zu sich und öffnen Sie sanft die Augen. Ge-

wöhnen Sie sich allmählich wieder an das gedämpfte Licht und Ihre Umgebung.

Der achtsame Umgang mit der Sehfähigkeit und mit sich selbst ist der Schlüssel zur erholsamen und regenerierenden Durchführung dieser Übung. Sie dient nicht nur der Harmonisierung nach Aktivierung des Corpus Callossum, sondern hilft auch nach einer langen Autofahrt, nach intensivem Lesen, Fernsehen oder nachdem Sie lange am Computer gesessen haben.

Palming ist beim Praktizieren des Aurasehens immer eine willkommene Pause, auch wenn wir dabei den weichen Blick verwenden, der in sich bereits entspannter ist als der im Alltag übliche fokussierte Blick.

Ihre Beobachtungen:

Übung 5: Spür-/Fühl Übungen

Reiben Sie die Ihre Handflächen aneinander, lassen Sie eine Hand leicht und langsam über ihren Unterarm, seine äußere Seite und die andere Hand streichen. Wechseln Sie und üben Sie mit der anderen Hand. Erfahren/erspüren Sie die unterschiedlichen Wahrnehmungen. Seien Sie ganz im Gefühl; überlegen Sie nicht, was sie spüren sollten, sondern schalten Sie vorgefertigte Meinungen aus. Es geht hier einzig um Ihre Wahrnehmung, im Hier und Jetzt.

Wiederholen Sie die Übung, wobei es keine Wiederholung gibt! Jedes Mal ist das Erlebnis neu. Führen Sie bitte die Übung nochmals an einem anderen Tag oder zu einer anderen Tageszeit, in einer anderen Verfassung durch, und behalten Sie einen frischen, freien Zugang dazu. Natürlich können Sie das auch mit einem Partner praktizieren.

Wie unterscheidet sich die Wahrnehmung des rechten Unterarms vom linken?

Übung 6: Emanation aus den Händen und Füßen

Um das Sehen zu üben, brauchen Sie den in Übung 4 beschriebenen weichen Blick, also das Gegenteil von einem strengen, fokussierten Blick.

Reiben Sie beide Hände, um sie „aufzuladen“. Dann halten Sie eine Hand in die Luft und schauen durch sie hindurch.

Machen Sie sich für die Eindrücke empfänglich! Die eher passive Haltung befreit sie vom Wollen und von Anstrengungen, die ihre Versuche eher blockieren würden.

Reiben Sie die Hände noch einmal mit der Absicht, anschließend die Emanation aus ihren Fingerspitzen zu sehen. Legen Sie die Fingerspitzen beider Hände aneinander und entfernen Sie sie langsam voneinander, versetzen sie sie nach oben, nach unten. Was passiert?

Stellen Sie sich auf ihre Füße ein: von vorne, von unten und seitlich. Massieren Sie ihre Füße und ihre Zehen und betrachten Sie wieder die Strahlungen aus den Fußzehen, aus der Seite und aus den Sohlen – immer mit dem weichen Blick.

Seien Sie erfinderisch und spielerisch. Üben sie auch mit den Extremitäten eines Partners.

Übung 7: Auraexpansion und Auraretraktion

Die folgende Übung schult Ihre Wahrnehmung, stärkt gleichzeitig Ihre Aura, befreit sie von unerwünschten Energien, die sich eingenistet haben, und unterstützt das Selbstbewusstsein und die eigene Präsenz.

Sie wird im Stehen durchgeführt, idealerweise im Freien. Muss sie in geschlossenen Räumen stattfinden, sollte das Fenster geöffnet werden. Danach wird der Raum durchgelüftet und mit gutem Räucherwerk gereinigt.

Sie stehen mit beiden Füßen auf dem Boden im Gleichgewicht und atmen ruhig und regelmäßig. Machen Sie sich bewusst, dass Ihre Aura eine Grenze besitzt, die ungefähr 15 cm von ihrem physischen Körper entfernt ist. Am Anfang können Sie sich mit Hilfe ihrer Hände vorstellen, dass die Aura sich ausdehnt und dann zurückgeht. Machen Sie langsame Bewegungen mit Händen und Armen vom Körper weg und wieder zurück und spüren Sie, wie die Aura ein wenig größer wird und sich wieder zurückzieht. Ganz bewusst führen Sie diese Bewegung weiter und wagen es allmählich, die Grenzen zu überschreiten, also noch ein wenig weiter als

zuvor und ein bisschen enger als beim vorigen Mal. Aura vergrö-
ßern, Aura zusammenziehen, so behutsam, dass sie merken, wo die
angenehmen Grenzen sich befinden. Nicht zu eng am Körper, aber
auch nicht zu weit auseinander. Finden Sie die geeignete Spannung
und Entspannung, gerade wie ein Muskel, der eben trainiert wird.

Wie fühlt sich die Übung an? Wie fühlen Sie sich, wenn Sie diese
Übung regelmäßig durchführen?

Übung 8: Der Zentralkanal

Optimal ist für diese Übung eine aufrecht stehende Position. Wenn das Stehen auf Dauer zu anstrengend empfunden wird, kann sie aber auch im Sitzen durchgeführt werden.

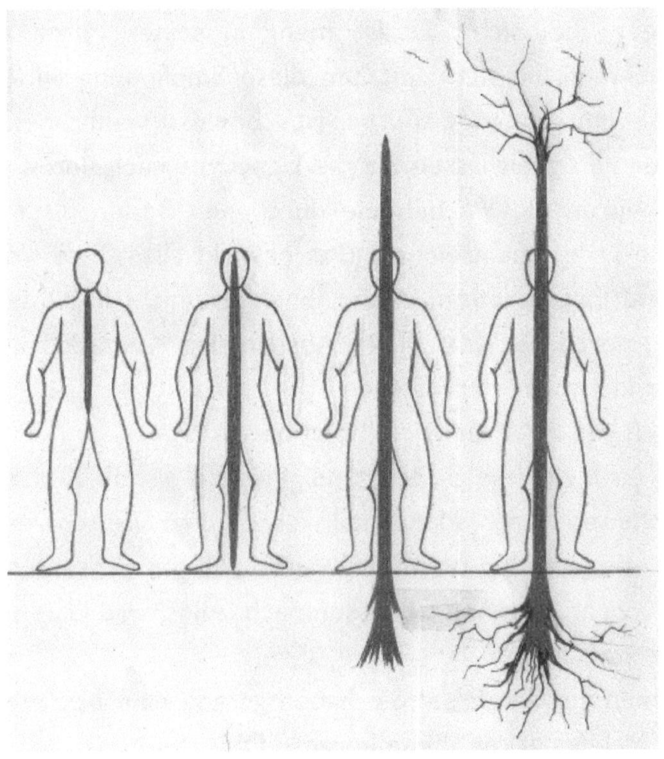

Anfangs können Sie sich den Zentralkanal als energetische Lichtröhre, die parallel zur Wirbelsäule entlang fließt, imaginieren. Sie brauchen nicht daran zu glauben oder gar intellektuell mehr darüber erfahren. Nicht jeder weiß, wie Elektrizität funktioniert, aber alle können den Schalter betätigen, und das Licht geht tatsächlich an. Durch das Visualisieren einer leuchtenden Säule mitten in Ihrem Körper schalten Sie Ihr inneres Licht ein.

Spüren Sie jetzt bitte, was mit Ihrem Körper und mit Ihren Energien geschieht. Was fühlen Sie, was tut sich? – Ist die Aufmerksamkeit auf die Lichtsäule gerichtet, fühlt sich der Mensch geordneter und mehr „bei sich". Er ist mehr in seiner Mitte, er ist zentriert. Nehmen Sie sich Zeit, um diese Empfindung wirklich – auch wenn sie nur ganz vage spürbar ist – bewusst wahrzunehmen.

Aus dieser Mittigkeit lassen Sie die Lichtsäule nach unten wachsen, so als würde die Wirbelsäule durch den Boden bis tief ins Zentrum der Erde hineinreichen. Das bewirkt allein Ihre Vorstellungskraft und Ihre Intuition. Wenn Ihnen das nicht liegt, nehmen Sie sich vor, durch die Kraft Ihrer Absicht den Kontakt zur Erde anhand Ihrer Lichtsäule herzustellen.
Wie fühlt sich das an? Was wird Ihnen bewusst? –

Meistens eine gewisse Bodenständigkeit, so als ob Sie auf der Erde angekommen wären. Manchmal werden die Füße schwer oder sie prickeln oder werden warm. Man wird ruhiger, präsenter. Man ist ganz im Körper. Spannungen lassen nach. Alles wird klar, einfach und selbstverständlich.

Willkommen auf der Erde! Sie haben gerade eine bessere Verbindung zur Manifestationsebene hergestellt.

Leiten Sie die Lichtsäule jetzt nach oben durch Ihre Krone hindurch Richtung Himmel, so weit hinauf, wie Ihre Vorstellungskraft oder Ihre Absicht es zulässt. Als ob Ihr Kopf gegen den Himmel drücken würde.

Würdevoll stehen Sie da, ganz bewusst. Sie spüren Energie im und über dem Kopf. Sie spüren eine Anbindung an den Kosmos. Sie fühlen sich ganz.

Lassen Sie jetzt die Energie zwischen Himmel und Erde fließen, aus dem Kosmos herab durch den inneren Kanal hinab zur Erde, dann die tellurische Kraft von der Erde durch den Kanal hinauf bis in den Himmel. Mensch und Baum sind Wesen, die diese aufrechte Haltung zwischen Himmel und Erde einnehmen. Ohne starke Wurzeln bleibt der Baum schwach und wird seine Krone nicht richtig entfalten können. Ebenso verhält es sich bei den Menschen.

Was beobachten Sie jetzt? Wird Ihr Körper länger? Dehnt sich Ihre Wirbelsäule?

Übung 9: Zentralkanal und Schutz

Durch die vorige Übung haben Sie Ihre senkrechte Verbindung zwischen Himmel und Erde wieder hergestellt. Zusätzlich benötigen Sie den Schutz Ihrer Aura als dreidimensionales Ei rings um Ihren Körper und Ihre Lichtsäule herum: ein Kokon, durch den ein Lichtkanal fließt.

Diese Visualisierung dient Ihnen zusätzlich als hervorragendes Einstimmungsritual. Damit sind Sie geerdet, mit der kosmischen Kraft verbunden, von Ihrer Aura umhüllt und abgegrenzt. Mit anderen Worten: Sie sind geankert, verbunden und geschützt.

Ich empfehle das Aktivieren des Zentralkanals, wenn Sie die Übungen durchführen, aber verwenden Sie diese bewusste Verbindung auch vor und zwischen den Behandlungen.

Sie macht einerseits unangreifbar für kranke, unausgeglichene Energien und macht andererseits präsent und sicher, vertieft Ihre Identität und stellt den Kontakt zu Ihren guten Ressourcen her.

Es gibt eine Kurzversion, die darin besteht, den Zentralkanal nur im Bereich der Wirbelsäule zu visualisieren und in ihn hineinzuspüren. Auf die Verlängerungen nach oben und unten verzichten wir in dieser komprimierten Übung. Sie darf allerdings nur angewendet werden, wenn die lange Version „sitzt".

Berichten Sie über Ihre Erlebnisse mit der langen und kurzen Version im Alltag und aus Ihrer Praxis:

Übung 10: Einstimmungsritual für die Auratherapie:

Nun möchten Sie Ihre Wahrnehmungsfähigkeit erweitern und die Energien und das aurische Feld Ihrer Patientinnen erkunden können. Nach der Aktivierung des Zentralkanals schalten Sie sich auf Empfang.

Formulieren Sie dafür Ihre Absicht in Form einer Affirmation: „Ich mache mich empfänglich für die Aura von Frau X". Dann stellen Sie sich vor, dass Sie ihr „Visier hochklappen" oder Ihre „Scheuklappen aufmachen" und Ihre wahren innewohnenden, latenten Begabungen wecken.

Dieses Ritual dient als Schutz und Anbindung.

Setzen Sie jetzt den weichen Blick ein und betrachten Sie die Beschaffenheit und die Farbnuancen der Aura, z. B. im Bereich des Kopfes.

Übung 11: Pflege der Aurakonturen:

Bei dieser Übung werden die Ränder der globalen Aura von oben nach unten gestreichelt. Dabei liegen die beiden Handinnenkanten so eng nebeneinander, dass sich Daumen und beide Zeigefinger berühren. Auf diese Weise bilden beide Hände eine größere Fläche (alle Finger sind geschlossen, nicht gespreizt), mit der wir die

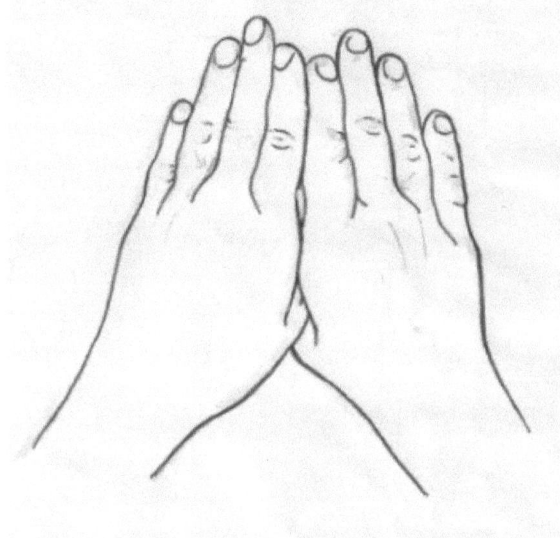

Grenzen der Konturen wieder herstellen. Die Arbeit an der Aura beginnt auf der rechten Seite des Patienten und verläuft nach links. Ein frontaler Ansatz sollte möglichst vermieden werden, denn das vordere Körperteil mit den wichtigen Organen im Brustkorb und im Bauchbereich kann dies als konfrontativ oder bedrohlich einstufen. Ebenso ist es ungünstig, mit der Auratherapie am Rücken anzufangen.

Die Begegnung mit der Aura des Gegenübers erfordert einen achtsamen Umgang. Die Therapeutin ist durch ihren Lichtkanal und ihren Kokon geschützt.

Sorgfältig ertastet sie die energetischen Grenzen der Klientin. Diese sollte sich melden, falls die Ärztin bei ihrer Auraarbeit zu nahe steht. Intuitiv – ich möchte sogar sagen instinktiv – erspürt die Heilerin die Aurakonturen und beginnt, diese mit wohltuender Absicht zu streicheln. Tempo und Rhythmus sind gelassen und ruhig. Zu schnelle Bewegungen wühlen die Aura auf. Es entsteht ein harmonischer Fluss von oben nach unten, wobei die Hände sich entspannen, wenn sie sich erneut Richtung Kopf bewegen, um wiederum mit aneinandergelegten Händen von oben nach unten zu streichen. Die Bewegungen folgen dem natürlichen Strich der Aura, wie wenn wir eine Katze oder einen Hund in Fellrichtung streichelten. Seien Sie präsent und klar. Die Behandlung ist vollständig, wenn wir wieder auf der rechten Seite, an der wir begonnen haben, angekommen sind. Meistens genügt eine einzige Runde, denn in dieser feinstofflichen Welt gilt: Weniger ist mehr. Nach Bedarf können aber auch bis zu drei Durchgänge gemacht werden.

An dieser Stelle möchte ich gerne erwähnen, dass es nicht notwendig ist, sehr weit entfernt vom Körper des Patienten zu arbeiten. Die Auraränder können bequem im Abstand von circa 30 cm vom physischen Körper geglättet werden. In jedem Fall kann die Patientin nach ihrem Wohlbefinden gefragt werden, oder man beobachtet ihre Reaktion. Ihre Rückmeldung ist der Hauptwegweiser und die Bestätigung für die Intuition der Therapeutin.

Nach der Behandlung sollte sich die Therapeutin Hände und Unterarme unter fließendem Wasser waschen.

Notieren Sie Ihre Beobachtungen:

Notieren Sie die Rückmeldungen Ihrer Patientin:

Übung 12: Die Batterie des Menschen aufladen

Diese Übung findet Anwendung, wenn man sich ausgelaugt fühlt, wenn die „Batterie" leer ist. Sie ist sinnvoll für die Ärztin im Laufe des Arbeitstages, und sie kann natürlich auch der Patientin vermittelt werden. Idealerweise wird sie im Stehen durchgeführt, ist natürlich aber auch in der Sitzposition möglich.

Im Universum ist alles polarisiert. Beim Menschen befindet sich der Pluspol am Kopf, der Minuspol an den Füßen. Mit der Vorstellungskraft aktivieren Sie einen sich rechtsdrehenden Kreis unmittelbar über dem Kopf, während ein linksdrehender Kreis unter den Füßen entsteht. Das Tempo soll für Sie angenehm sein. Eine bewusste und bedachte Durchführung ist wirkungsvoller und anhaltender, als wenn sie auf die Schnelle gemacht wird. Sie fühlen sich wach, kraftvoll, regeneriert und präsent zwischen Himmel und Erde durch die bewusste Aktivierung Ihrer natürlichen Pole. Gute Erholung!

Notieren Sie hier Ihre Erlebnisse:

Übung 13: Erspüren der Emanation

Um die energetische Emanation aus Ihren Fingern zu erspüren, halten Sie in einer Entfernung von ungefähr 20 cm die Fingerspitzen einer Hand gegen die Handinnenfläche der anderen Hand. Die Entfernung können Sie beliebig variieren (näher ran oder weiter weg), bis Sie die Bewegung wie einen leichten Hauch aus den Fingerspitzen wahrnehmen. Zeichnen Sie dabei langsame Kreise oder Auf- und Ab-Bewegungen, bis das Spüren am deutlichsten wird. Gerne können Sie für diese Übung die Hände wechseln.

Ihre Wahrnehmung:

Übung 14: Der Mittelfinger kitzelt den Handrücken

Wir führen dieselbe Übung durch wie unter Übung 13 beschrieben, dieses Mal aber nur mit dem Mittelfinger, der einen Kreis beschreiben soll. Sie werden ihn in der gegenüberliegenden Handinnenfläche wahrnehmen, und wenn Sie noch ein paar Minuten damit fortfahren, dann ist der Kreis des Mittelfingers auf dem gegenüberliegenden Handrücken spürbar.

Fühlen Sie den Kreis?

Übung 15: Der Tripod

Um die geballte Kraft der Fingerspitzenenergie zu erfahren, halten Sie die drei ersten Finger (Daumen, Zeigefinger und Mittelfinger) zusammen – und bilden so den Tripod. Südländische Menschen kennen die stärkende Wirkung dieser Fingerposition und unterstützen damit ihren Sprachausdruck.

Üben Sie zuerst an Stellen am eigenen Körper, spüren Sie angespannte Energien, die sich langsam lösen und verteilen, sodass Schmerz oder Spannung nachlassen. Variieren Sie mit der Entfernung des Tripods, bis die Empfindung deutlich ist.

Was empfinden Sie bei dieser Übung?

Übung 16: Aktivierung der Handchakren

Die Energie der Handchakren kann Ihre Heilerfolge intensivieren. Deshalb sollten Sie diese stärken. Nichtsdestotrotz muss ich aber betonen, dass die Heilkraft, die ganz natürlich aus den Handchakren herausfließt, der Liebesfähigkeit aus dem Herzchakra entspricht. Ist diese echte Kraft nur gering vorhanden, bleibt die Wirksamkeit der folgenden Übungen eingeschränkt.

Unsere Freunde aus dem Reich der Mineralien unterstützen unsere Absicht, die Handchakren zu aktivieren und zu intensivieren.

Übung 16a: Handchakren und Magnetit

Halten Sie 60 Sekunden lang einen Magnetit in der Hand, genau im Zentrum der Handinnenfläche, dort wo sich das Handchakra befindet. Anschließend die Hand wechseln. Sollten Sie zwei Magnetiten besitzen, können Sie den Vorgang auch gleichzeitig mit beiden Händen durchführen.

Der Magnetit schwingt sofort mit dem innerhalb der Nebenchakren vorhandenen Magnetit mit. Es ist wissenschaftlich belegt, dass im Gehirn und den Nebenchakren gewisse Mengen davon vorhanden sind, je nachdem, wie unterschiedlich die Menschen in ihren magnetischen Begabungen veranlagt sind.

Der magnetische Mensch wirkt anziehend und strahlt auf natürliche Weise ein gewisses Charisma aus. Ferner üben diese Leute einen wohltuenden Einfluss auf ihre Umgebung aus, sei es auf Menschen, Tiere, Pflanzen oder auf Räume. Sie verfügen auch über heilende Fähigkeiten, wenn diese geschult, gepflegt und praktiziert werden.

Ihre Beobachtungen:

Übung 16b: Handchakren und Bergkristall

Halten Sie eine Minute lang einen Doppelender-Bergkristall zwischen den Handflächen beider Hände. Die Spitzen verbinden beide Energieströme aus den entgegengesetzten Handchakren nach dem Prinzip der Polarität, wie wir es im Lehrbuch ausführlich erklärt haben. Bergkristall besitzt ein höheres Bewusstsein und intensiviert unsere Absicht. Eine Affirmation, verstärkt durch die Visualisierung eines starken Heilfeldes aus den Händen, wird gerne vom Kristall empfangen und umgesetzt.

Auf alle Fälle spüren Sie ein Kribbeln, eine Wärme oder ein sich aufbauendes Energiefeld aus der Mitte der Hände, wenn Sie täglich oder jeden zweiten Tag mit einem dieser Mineralien üben.

Entscheiden Sie sich nach ihrer spontanen Vorliebe für einen der Steine, anstatt mit beiden zu arbeiten. Die Beziehung, die zwischen Ihnen und Ihrem mineralischen Helfer besteht, wird sich umso mehr vertiefen.

Empfinden sie einen Unterschied zur Übung mit dem Magnetit?

Übung 16c: Handchakren und der Tripod

Eine andere Möglichkeit, die Handchakren zu mobilisieren, besteht darin, die Abbildung ihrer eigenen Hände selber zu magnetisieren durch den Tripod, den Sie mit den ersten drei Fingern jeder Hand bilden (Daumen, Zeigefinger und Mittelfinger). Dafür zeichnen Sie zuerst den Umriss Ihrer beiden Hände mit Bleistift auf einem Blatt Papier nach, wie Sie es als Kind sicherlich gemacht haben. Die Zeichnung der linken Hand wird nun vom Tripod der linken Hand aufgeladen, die Abbildung der rechten Hand vom Tripod der rechten Hand. Beginnend an der Fingerspitze des Mittelfingers fahren Sie langsam mit dem Tripod in gerader Linie über die gezeichnete Handfläche im Abstand von ca. 3-5 cm vom Blatt entfernt bis zum Handgelenk hinab. Dort angekommen schließen Sie die Hände zu lockeren Fäusten und gehen zurück zum Ausgangspunkt an der Fingerspitze des Mittelfingers. Bilden Sie nochmals den Tripod an beiden Händen und wiederholen Sie noch einmal sehr langsam diese Übung.

Das Wichtigste an dieser Übung ist nicht der äußerliche Vorgang, sondern die Verteilung der Energie aus den Fingern auf der Abbildung. Richten Sie bitte Ihre Aufmerksamkeit auf den Magnetismus, der aus dem Tripod herausfließt und das Bild ihrer Hände auflädt. Von den Fingerspitzen bis zu den Handgelenken dauert das Magnetisieren etwa fünf Minuten, die gesamte Übung nimmt ca. 15 Minuten in Anspruch und sollte täglich durchgeführt werden.
Diese Methode ist sehr effektiv und intensiviert die Heilkraft Ihrer Hände im Besonderen, Ihres gesamten Wesens im Allgemeinen. Ihre Arbeit mit der Aura wird dadurch verstärkt und bewusster. So

kommen sie selbst mehr in Übereinstimmung mit Ihrer Essenz und erfüllen Ihre heilende Aufgabe in einem natürlichen Fluss ohne Anstrengung.

Ihre Beobachtungen:

Übung 17: Aura Scanning

Optimal ist es, wenn sich die Protagonisten in sinnvoller Entfernung, d. h. außerhalb des aurischen Feld des anderen, gegenübersitzen oder -stehen. Halten Sie einen Schreibblock bereit, da manchmal blitzartig mehrere Eindrücke im Bewusstsein auftauchen, die sich schnell wieder verflüchtigen. Diese sollten notiert werden, bevor sie in Vergessenheit geraten. Ein Flash kann beispielweise von einem tiefen Verständnis und Einblick in undurchsichtige Zusammenhänge begleitet sein. Schreiben Sie bitte alles auf, auch wenn es im Moment seltsam oder unverständlich erscheint, denn es ist möglich, dass es später durchaus einen Sinn ergibt oder sogar zu einem wertvollen Stück des Puzzles wird.

Bei den nachfolgend beschriebenen Techniken werden alle Hellsinne mit einbezogen. Wiederholtes Üben erschließt immer mehr Wahrnehmungen und persönliche Scanning-Fähigkeiten.

Übung 17 a: Der Blick aus den Augenhöhlen

Dabei machen Sie sich bewusst, dass Sie nicht nur aus den Augen sehen, sondern auch aus Ihrem Bewusstsein. Auf diese Weise gewinnen Sie den nötigen Abstand und beobachten objektiv die Aura des Patienten. Die Seele betrachtet, im Gegensatz zu „Ich gucke hin". Der Blick aus den Augenhöhlen ist zentriert und mischt sich nicht ein. Praktizieren Sie zuerst diese Betrachtungsweise und beobachten Sie, was der Blick aus den Augenhöhlen bei Ihnen bewirkt, und wie Sie dadurch die Welt betrachten. Verwenden Sie diese Methode beim Scanning erst dann, wenn Sie sie beherrschen.

Ihre Beobachtungen:

Übung 17 b: Das Aura Scanning-Gerät

Sie stellen sich vor, Sie hätten eine Maschine erfunden, die die gesamte Aura von oben nach unten gleitend abscannt und Sie auf Pathologien und Disharmonien aufmerksam macht. Das Gerät ist dreidimensional, kann quadratisch oder oval sein; es filtriert und durchleuchtet die verschiedenen Schichten, um Ihnen die nötigen Daten zu liefern. Es kann entweder sehr langsam oder aber zügig gleiten, um dann wieder zu denjenigen Stellen zurückzukehren, an denen etwas Beachtenswertes vorhanden ist.

Ihre Wahrnehmungen:

Übung 17 c: Intuitives Scanning

Diese Methode ist direkter. Durch Ihre fachliche Kompetenz und Ihre berufliche Erfahrung sind die Ärztinnen darin geschult, Disharmonien bei den Patientinnen ausfindig zu machen. Darüber hinaus spielen die persönlichen feinstofflichen Begabungen eine weitere Rolle und ergänzen das vorhandene theoretische Wissen.

Unvoreingenommen lässt sich die Therapeutin von ihrer Intuition führen und stellt sich ein auf die gegenwärtig zu behandelnde Priorität. Die andere Möglichkeit wäre, sich leiten zu lassen von dem, wovon man sich angezogen fühlt, worauf der Blick fällt, oder worauf die Hand sich legen will. Bei einer weiteren Variante stellt man sich auf die Ursachen oder den Hauptgrund ein.

Diese intuitive Arbeitsweise ist besonders erfolgreich bei latenten, versteckten Ursachen. Die Therapeutin mit ihrer feinstofflichen Erfahrung und ihrem Know-how kann die Zeichen der Aura deuten und sie als Wegweiser für den Ablauf der Sitzung nutzen.

Übung 17 d: Aura Scanning für sich selbst

Das Experiment am eigenen Körper erfolgt am besten mit der Vorstellung eines Scanning-Gerätes, das einen von oben nach unten durchleuchtet. Alternativ kann man sich seine eigene Aura in der passenden Größe und im für angenehm empfundenen Abstand vor sich imaginieren. Es ist eine sehr bequeme Weise, sich selbst auf objektive Weise zu scannen, solange es einem möglich ist, die eigene Energie unvoreingenommen zu beobachten.

Notieren Sie Ihre Erlebnisse:

Übung 18: Kristall-Gewebe-Regeneration

Folgende Technik ist vergleichbar mit dem Glätten und bewirkt die Klärung und die Regeneration der Aura. Dafür brauchen wir eine 6-8 cm lange Bergkristallspitze, nicht zu dick und so klar wie möglich. Es ist unerlässlich, den Kristall vor der Anwendung zu reinigen.

Ist die Beschaffenheit der Aura unrein, unterbrochen, unvollständig oder zu dünn, kann diese Übung die Webart der betroffenen Stellen reparieren; Schmerzen werden gelindert und der Wundheilungsprozess erfolgt schneller.

Die Kristallspitze sollte gut in der Hand liegen. Sie kann in der Länge (Kanten), mit der Spitze oder mit der Wurzel verwendet werden. Die Behandlung kann im Sitzen, im Stehen oder im Liegen durchgeführt werden – natürlich auch bei sich selbst. Diese Methode eignet sich für die Arbeit an einem Bein oder Arm, kann einem Meridian entlang eingesetzt, aber auch über einem Organ oder um ein Chakra herum angewendet werden. Regelmäßig durchgeführt verstärkt sie die Ätheraura in einem fragilen Bereich und befreit sie gleichzeitig von Verschmutzungen.

1. Vorzugsweise verwenden wir die Seite des Kristalls, weil er hier breiter und die Oberfläche größer ist, und weil seine Schwingung sich heilsam an die Bedürfnisse der Körperstelle anpasst. Das Bewusstsein des Steins weiß beispielsweise genau, welche Farbfrequenz der Mensch benötigt. Die Wirkung des Minerals ist sanft und ausgleichend.
2. Das spitze Ende des Kristalls wirkt wie ein Laser und führt Energie zu. Es wird nur nach Bedarf verwendet und auf jeden Fall erst

dann, nachdem mit der flachen Kante die Grundharmonisierung vorgenommen wurde.

3. Die Wurzel des Steins, also die entgegengesetzte Seite der Spitze, nimmt Energie auf und leitet sie aus. Um den ausgewogenen Lebensfluss wiederherzustellen, ist nur dort anzusetzen, wo sich zu viel Energie angesammelt hat, z. B. bei einem Wasserstau, einer Anspannung, bei energetischen Blockaden, bei entzündlichen Prozessen oder dort, wo Zellwachstum ausartet. Anschließend wird die Aura in der betroffenen Körperregion mit der Kristallkante harmonisiert.

Die Durchführung verläuft hauptsächlich von oben nach unten, sozusagen in „Fellrichtung", also nicht gegen den Strich. Nach Bedarf kann die Bewegung auch von rechts nach links erfolgen und umgekehrt. Die Kante wird langsam und methodisch in der Aura ausgerichtet, etwa 10 cm von der Haut entfernt. Im Laufe der Behandlung sollte der Kristall immer wieder durch die Flamme einer Kerze gereinigt werden: Bewegen Sie den Stein in der Flamme kurz hin und her, und arbeiten Sie dann wie beschrieben weiter an der Aura. Nach der Behandlung ist das Mineral gründlich zu reinigen. Man legt ihn über Nacht in Salzwasser und spült ihn anschließend unter fließendem Wasser ab. Dann lässt man ihn an der Luft trocknen und von der Sonne aufladen.

Verwenden Sie niemals einen ungereinigten Bergkristall für die nächste Patientin, sonst besteht die Gefahr, dass energetische Unreinheiten in deren feinstoffliches System übertragen werden. Den mit unreinen Energien geladenen Stein bitte auch nicht in der Praxis liegen lassen, bis Sie Zeit finden, ihn zu reinigen. Eine der Eigen-

schaften des Bergkristalls ist seine Fähigkeit, Schwingungen zu ver-
vielfältigen. Er besitzt keinerlei Unterscheidungsfähigkeit und wird
die unsaubere Information in der Praxis verbreiten. Im Umgang mit
unseren durchsichtigen Freunden ist Respekt und energetische
Sauberkeit geboten.

Was nehmen Sie wahr?

Übung 19: Entladen und Aufladen der Ätheraura

Die Aura wird von ihren schweren, gestauten Energien durch die Entladung befreit und bereinigt. Die Aufladung hat einen dreifachen Effekt:

- Die Ätheraura kann sich wieder mit Vitalenergie aufladen.
- Die Beschaffenheit einer geschwächten, fragilen oder geritzten Aura wird gestärkt.
- Das Aufladen harmonisiert den Umriss der Aura, indem Hohlstellen und Beulen ausgeglichen werden.

Für diese Technik der Ent- und Aufladung der Ätheraura benötigt man zwei Satz von je sieben Kristallspitzen von 3-4 cm Länge. Ein Satz dient der Entladung, der andere der Aufladung. Die Behandlung wird im Liegen – auf einer Liege oder auf einer Matte am Boden – durchgeführt.

Der erste Vorgang ist immer die Entladung, gefolgt von der Aufladung. Jeder Vorgang dauert höchstens zehn Minuten, wobei die persönlichen Bedürfnisse der Klientin stets zu beachten und respektieren sind, etwa wenn sie den Wunsch äußert, früher aussteigen zu wollen. Kurze Rückmeldungen während sowie am Ende der gesamten Behandlung sind willkommen und wünschenswert. Diese schließt meistens die Augen, manche schläft ein oder gerät in einen leichten Trancezustand. Kommt eine Person ruckartig aus ihrem tiefen Entspannungszustand zurück, passiert es gelegentlich, dass sie leicht desorientiert ist. Deshalb empfehle ich ausdrücklich, dass die Heilerin im Blickfeld der liegenden Person verbleibt, weil der erste Blick auf die Ärztin ihr sofort wieder Sicherheit verleiht. In den meisten Fällen verläuft die Behandlung jedoch ohne besondere Vorkommnisse. Dennoch ist diese Arbeit in ihrer Tragweite nicht zu unterschätzen und sollte bewusst und achtsam ausgeführt werden.

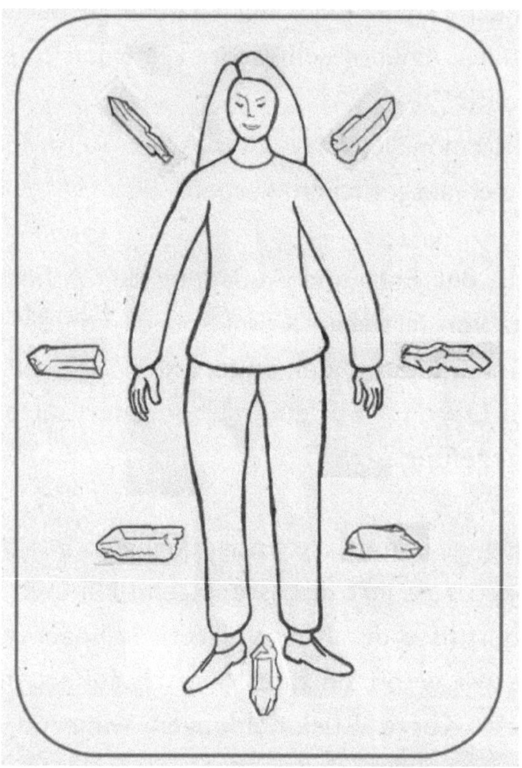

Zur Entladung werden die Kristallspitzen nach außen gerichtet, und zwar auf Höhe der Schulter, der Hüften, der Waden. Zwischen den Füßen liegt der siebte Bergkristall. Das Ziel dieser Auslegung ist die Ausleitung überholter, schwerer, fremder Energien.

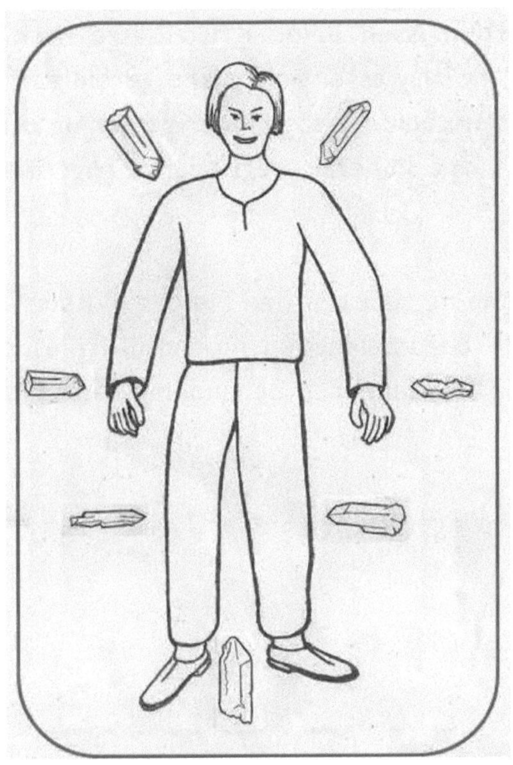

Dieselbe Anordnung der Kristalle gilt auch für die Aufladung, nur mit dem Unterschied, dass die Spitzen nach innen zeigen. Auf diese Weise wird die Ätheraura mit kosmischer Energie und Lebenskraft vitalisiert, was unmittelbar spürbar ist. Beide Vorgänge – Entladen und Aufladen – werden aktiviert durch die Absicht und die Handbewegung, die jeden Kristall miteinander verbindet. Im Uhrzeigersinn beim ersten Stein an der linken Schulter anfangend, dann zur linken Hüfte, linken Wade usw. bis zur rechten Schulter. Der Kopfbereich wird frei gelassen.

Selbstverständlich müssen beide Kristallsätze nach Beendigung der Behandlung in Salzwasser gelegt und gereinigt werden. Achten Sie bitte darauf, beide Sätze immer getrennt zu halten, denn das Bewusstsein des Minerals registriert Programmierung und behält sie.

Wenn Ihre Räume es zulassen und Sie das Wissen um das Magnetfeld der Erde berücksichtigen möchten, ist es sinnvoll, den Kopf der Person während der Behandlung nach Norden auszurichten.

Welche Veränderungen stellen Sie fest?

Übung 20: Glätten der mentalen Ebene

Das Glätten wird mit entspannten Händen durchgeführt, wobei die Finger nicht gespreizt, sondern geschlossen sind. Zuerst werden die Hände nebeneinander und mit den Innenflächen vor die Stirn gehalten, je nach individuellem und momentanem Bedarf in einem Abstand von 10-30 cm. Dann bewegen sich die Hände langsam nach rechts und links auseinander, als ob sie eine Scheibe klären würden. Und tatsächlich werden Sie nach paar Wiederholungen spüren, wie sich Ihr Kopf leichter anfühlt und vor allem tatsächlich klarer wird.

Aber das ist nicht alles. Sie können diese Übung noch optimieren, indem Sie einen Tropfen des Soli-Chlorophyll-Öl S 21 zwischen den Händen verreiben. Wegen der hohen Konzentration dieses hochwertigen natürlichen Produktes reicht ein Tropfen völlig aus. Die außergewöhnliche Synergie von 21 reinen, natürlichen ätherischen Ölen mit Weizenkeimöl, Chlorophyll-Öl-Lösung und Mistel-Öl-Lösung unterstützt die Klarheit und die Konzentration sowie die Unterscheidungs- und Entscheidungsfähigkeit. Es hilft bei der Festlegung eines Zieles und dem zielgerichteten Handeln. Zudem wirkt es motivierend.

Jetzt wollen wir das Glätten mit dem Soli-Chlorophyll- Öl S 21 fortsetzen (natürlich kann es gleich von vornerein angewendet werden). Dabei etwas Abstand zu den Augen halten. Nachdem Sie sich mehrmals jeweils nach rechts und links über die Stirn gestrichen haben, glätten Sie die Aura um den Kopf herum von oben nach unten bis zu den Schultern, so als würden Sie die Haare glattstreichen. Diese Bewegung erfolgt langsam und sanft, die linke

Kopfseite mit der linken Hand und die rechte mit der rechten Hand bis zum Occipitalbereich. Auch dieses Streichen wird mehrmals wiederholt, bis Sie sich erholt und erfrischt fühlen.

Das Glätten der mentalen Ebene kann für sich selbst, aber auch für eine andere Person durchgeführt werden. Wie immer beobachtet man deren Reaktionen und bittet um Rückmeldung. Geeignet ist diese Methode stets dann, wenn eine Überlastung im Kopfbereich besteht: bei Mangel an Konzentration, bei Unklarheit, wenn das Gefühl vorhanden ist, dass zu viele Gedanken im Kopf umhergehen oder der Eindruck besteht, fremde Gedanken besetzten das Gehirn. Das Glätten der mentalen Ebene ist auch dann empfehlenswert, wenn man sich ständig abgelenkt fühlt von dem, was man eigentlich erledigen will. Es ist auch angebracht bei konzentrierter Computerarbeit, bei langen Fahrten, bei langwierigen Gesprächen, stundenlangem Lernen oder wenn die intellektuelle Aufnahmefähigkeit ausgeschöpft ist.

Klientinnen, die an leichter Verwirrung oder Desorientierung leiden oder Personen, die in kurzer Zeit intensive Veränderungen durchgemacht haben, kann das Glätten ebenfalls Erleichterung verschaffen.

Im Allgemeinen profitieren von dieser Arbeit all diejenigen, die zu viel Energie, zu viele Eindrücke sowie zu viele Informationen und Daten aus Ihrer Umgebung aufnehmen.

Was können Sie beobachten?

Übung 21: **Raumklärung mit Soli-Chlorophyll-Öl S 21**

Für angenehmes, frisches, sauberes Raumklima sollte überall dort gesorgt werden, wo Menschen sich in geschlossenen Räumen aufhalten.

Praxisräume, in denen Auraarbeit durchgeführt wird, sind energetisch so klar und rein wie möglich zu halten. Ausreichendes Lüften und Hygiene sind grundlegende Voraussetzungen. Darüber hinaus wird der Raum gepflegt durch Gebet, Klang und Musik, aber auch durch einen frischen Geruch.

Mischen Sie in einer Sprühflasche einige Tropfen Soli-Öl mit Wasser und besprühen Sie damit das gesamte Zimmer, vor allem aber die Ecken. So erzielen Sie eine hervorragende energetische Klärung des Raums. Ätherische Öle sind antiseptisch. Zusätzlich bewirkt das Besprühen eine Aktivierung und eine Verteilung von negativen Ionen, was sich für beide – Räume und menschliches Energiefeld – gesundheitsfördernd und stimmungserhellend auswirkt.

Wie registrieren Sie die Verbesserung des Raumklimas?

ERFAHRUNGSBERICHTE

Die folgenden Erfahrungsberichte sind bereichernd und nachvollziehbar in Verbindung mit den theoretischen Modellen der Elementenlehre und der Aura-Pathologie, wie sie im Lehrbuch dargestellt und ausführlich erklärt sind.

<u>1. Frau B. und die für sie unerklärliche Verletzung</u>
Frau B., 38 Jahre, Mutter von vier Kindern, hat sich beim Spazierengehen aus für sie unerklärlichen Gründen eine Verletzung am Fuß zugezogen. Ohne äußerlich erkennbaren Anlass knickt sie plötzlich um und stolpert in ein dorniges Gewächs. Sehr schnell entzündet sich die verletzte Haut, die Lymphknoten in der rechten Leiste schwellen deutlich an, bis die Klientin kaum mehr gehen kann. Das Ganze ist für sie rätselhaft und beunruhigend. Darüber hinaus verweigert sie längere Zeit jegliche Art von Behandlung oder Hilfe, sodass die Situation durch die Ausbreitung der Sepsis ein bedrohliches Ausmaß annimmt.

Zuerst wird sie von mir ermahnt und ermutigt wegen der Gefahr der fortschreitenden Sepsis unbedingt medizinische Hilfe in Anspruch zu nehmen. Damit sie selbst ein umfangreiches Bild über ihre Situation gewinnen kann, werden das Model der Elementenlehre und der Ausgleich der Elemente in die Behandlung mit einbezogen.

Frau B. vermittelt eher einen Yang-Eindruck: Ihre tiefe Stimme, ihr Haarschnitt, die breiten Schultern und die große Statur ergänzen das Bild einer Frau, die sich alleine mit ihren Kindern im Alltag und im Beruf behaupten muss.

Sie hatte viel unter ihrem alkoholsüchtigen Vater gelitten. Seit Jahren macht sie unterschiedliche Therapien, um die in der Kindheit entstandenen Wunden zu heilen. Sie ist stolz darauf, sich in allen Lebenssituationen alleine durchsetzen zu können, und will unbedingt spirituell „weiterkommen". Sie konsumiert allerlei Kurse und Seminare, kann aber viele Inhalte nicht verarbeiten.

Und genau darin besteht der Sinn dieser Fußverletzung. Einen Mangel an Selbstwertgefühl kompensiert sie mit Überaktivität und Leistung (siehe „Die narzisstische Gesellschaft" Hans-Joachim Maaz). Alles wird vom Kopf gesteuert (mental), es bleibt kein Platz für die Intuition und zu wenig Zeit für eine Innenschau; spirituelle Tiefe und Hingabe fehlen. Sie will vorankommen, nimmt aber keinerlei Rücksicht auf ihre Seele und auf ihr eigenes Tempo. Es wird mit „Power" (Element Feuer) auf effiziente, aktive Weise agiert (auf der materiellen, physischen Ebene) und versucht, das Männliche (den Vater aber auch ihren männlichen Anteil) zu übertrumpfen. Das Musische, die verborgenen Aspekte ihres Wesens werden ignoriert. Alles soll auf Knopfdruck geschehen und wird verglichen mit anderen Leuten, die entweder „weiter" oder „nicht so weit" sind. Nachdem sie lange Zeit jegliche Hilfe abgelehnt hatte, kommt sie zu mir mit der Erwartung, dass ich „das schnell wegmachen kann".

Nachdem ich mich dann auf ihre Aura eingestellt habe, stelle ich einen überwiegenden Erdanteil und eine Verschiebung nach rechts fest. Zuerst reinige ich energetisch die gestaute Stelle an der rechten Leiste, die eine Menge an negativen Emotionen und Aggression enthält. Die Lymphknoten sind heiß und geschwollen. Ich erkläre

Frau B. die Behandlung in einfachen Begriffen. Im Ätherkörper entferne ich die geballte Energie mit den Händen in mehreren Griffen, lockere sie und wandle sie um. Ich beobachte das gesamte Feld und die physiologischen Reaktionen von Frau B. und bitte sie um Rückmeldung.

„Ich spüre, dass etwas geschieht, es tut nicht weh, aber es ist nicht angenehm. Es wird allmählich freier und ich spüre, wie der Energiefluss sich langsam im Bein verteilt. Aber es ist noch nicht gut."

Ich wirke weiter, immer noch im Leistenbereich und höre Gedankenformen, die sich bei Frau B. über die Jahre eingenistet haben. Es klingt wie: „Du bist genau wie dein Vater". Ich teile meiner Klientin meine Wahrnehmung mit und lasse sie darauf reagieren. Sie erstarrt. Ihre ganze Aufmerksamkeit ist nach innen gezogen. Sie durchlebt gerade eine Regression. Ihr Geist ist nicht mehr hier in der Gegenwart, sondern irgendwo in ihrer Kindheit. Ich lasse ihr Zeit. Ein paar Tränen fließen aus ihren Augen. Plötzlich schreit sie mit aller Wucht: „Das hat sie immer gesagt!"

Sanft aber bestimmt bringe ich sie wieder zurück in die Gegenwart und arbeite weiter an der Stelle, an der die Energie sich lockert, bis ich spüre und sehe, dass dieses Thema für heute erledigt ist. Ich darf und kann die feinstofflichen Grenzen der Klientin keinesfalls überschreiten. Zum Schluss lege ich ihr einen zuvor gereinigten Aquamarin auf die Leiste. Ihre Emotionen und die Wunde beruhigen sich. Um die Behandlung zu vervollständigen, platziere ich mehrere weiße Steine über dem Kopfbereich, um das Element Luft auszugleichen, was der Patientin nach einer Weile ein erleichterndes Seufzen entlockt. „Ich fühle mich so leicht und frei". Munter springt sie von der Liege herunter.

Für die nächste Sitzung nehmen wir uns vor, die Auraverschiebung nach rechts zu korrigieren. Die Abstände zwischen den Sitzungen betragen in der Regel drei, vier Wochen, da die Auratherapie der Anregung des Systems dient. Dafür brauchen die Aura und ihre feinstofflichen Schichten, die Chakren, die Psyche sowie der Körper ausreichend Zeit, um die subtilen Veränderungen zu integrieren. Eigentlich plane ich selten, wie die nächste Behandlung verlaufen sollte, sondern richte mich eher nach dem momentanen Zustand der Aura, und was dieser verlangt. In der Auratherapie arbeiten wir nicht nach festgelegtem Schema, sondern nach den lebendigen, aktuellen und individuellen Bedürfnissen des Menschen.

<u>Fazit:</u>

Die Thematik hinter Frau B.'s Gehbeeinträchtigung mit geschwollenen Lymphknoten an der rechten Leiste bezieht sich auf zwei Ebenen:

1. In der gegenwärtigen Situation schafft sie sich unbewusst eine Bremse, um Ruhe zu gewinnen und einzusehen, dass sie durch Hyperaktivität nicht weiterkommt, weder physisch noch spirituell. Sie braucht Zeit, um ihre Erfahrungen zu bearbeiten, um ihren Luftaspekt mit Intuition, Verinnerlichung und Einsicht entfalten zu können. Die Verletzung gibt ihr auch die Möglichkeit, ihre überbetonte Erdung auszugleichen und Ihren Körper zu respektieren, zu pflegen und sich die nötige Hilfe zu holen. Die Erdenergie ist eine weise Lehrerin und bringt uns Begriffe bei wie Zeit, Raum und Grenzen. Nehmen wir sie an, und verstehen wir

sie, werden sie zu Verbündeten. Frau B. muss sich Zeit nehmen. Auf dem spirituellen Weg werden keine Etappen übersprungen.

2. Andererseits bezieht sich die Störung auf die Vergangenheit mit den Traumata, die sich im feinstofflichen Gewebe eingenistet und die Aurapathologien verursacht haben, wie die Verschiebung nach rechts aufgrund der Vater-/Mann-Problematik. Die angestaute Wut hat sich dauerhaft in den Zellen manifestiert und beeinträchtigt diese auf der materiellen Ebene. Sie verhindert aber auch die Umsetzung einer neuen Identität. Dadurch bleibt Frau B. in der Vergangenheit stecken.

Auratherapie und Medizin ergänzen sich, damit Frau B. eine vollkommene Genesung mit vielen Einsichten und neuen Perspektiven erfahren kann.

2. Herr V. und seine Einstellung zur materiellen Welt

Herr V., 28 Jahre, wohnt aus wirtschaftlichen Gründen noch bei seinen Eltern. Er hatte zwar für kurze Zeit eine Anstellung, aber das Gehalt war schnell ausgegeben. Er klagt über „dunkle Gedanken", häufige Kopfschmerzen und würde sich am liebsten „von dem ganzen Schlamassel zurückziehen". Als ich ihn frage, worum es sich dabei handle, legt er los mit gesellschaftskritischen und interessanten Ansätzen, wie man die Welt verändern sollte. Ich muss ihn bremsen und erinnere ihn daran, dass wir, bevor wir die Welt heilen, zuerst ein wenig Ordnung im eigenen Energiefeld schaffen wollen.

Nachdem ich mich energetisch eingestellt habe, fällt mir auf, dass seine Aura nach hinten geschoben ist. Vorne ist das aurische

Feld so dünn, dass die Chakren fast aussehen, als hingen sie in der Luft. Sie sind klein und pulsieren schnell, aber oberflächlich.

Ich frage ihn, ob er angespannt ist, um zu testen, wie es um seine eigene Beobachtungsgabe bestellt ist. Er gesteht, dass dies sein „normaler Zustand" sei. Angespannt sei er immer – und das sei anstrengend.

Weil er so groß ist, beginnen wir im Sitzen. Mit den Händen streiche ich seine Aura von oben nach unten zuerst sanft und dann zunehmend energischer und rhythmischer, um den feinstofflichen Puls zu aktivieren. Erleichtert seufzt er auf. Ich fahre fort, wobei er erneut seufzt und den Kopf fest schüttelt.

„Ja, tut gut".

„Inwiefern?", möchte ich wissen. „Gut" und „schlecht" sind für die Auratherapeutin keine Beschreibung.

„Leichter und irgendwie ein wenig klarer", lautet die nächste Aussage, die sich sowohl auf Veränderung als auch die Qualität bezieht.

Ich ermutige den Klienten, sich unbedingt zu beobachten und sein Empfinden exakter zu formulieren, um so sein Körper- und Energiegewahrsein zu verstärken. Außerdem wird durch die Rückmeldung der Zustand nicht nur bewusster registriert, sondern intensiviert und stabilisiert.

Als er aufsteht, entsteht der Eindruck, er fühle sich in der Luft besser als auf der Erde. Gerade das werde ich jetzt positiv beeinflussen.

Die Aura wirkt kurz und reicht nicht bis zu den Füßen bzw. wird sie nach unten immer dünner, durchlässiger und fast unsichtbar. Eine typische Beobachtung bei schlecht geerdeten Menschen.

Ich ziehe die Aura nach unten, und zwar ziemlich ruckartig, wie wenn man ein elastisches Kleid bis zu den Füßen runterzieht. Immer wieder spüre ich einen leichten Widerstand in der Energiemasse und sehe, wie sie sich zurückzieht.

Herr V. verkrampft sich leicht. Ich tangiere seine Grenzen. Seit der Kindheit hat er sich daran gewöhnt, seinen Körper zu verlassen, wenn er sich herausgefordert fühlt. Er schaltet auf Modus „Automatik" und reagiert nach seinem üblichen Schema: Zumachen, in die Verkrampfung gehen. Ich erhalte keine Antwort auf die Frage, wie er sich jetzt fühlt.

Ich glätte den unteren Teil der Aura von der Taille bis zu den Füßen. Die Handinnenflächen stabilisieren das Feld und verbinden die Energie der Füße mit der Erde. Immer wieder schaue ich die gesamte Aura an und beobachte die physiologischen Reaktionen, vor allem im Gesicht. Ich verstärke noch die Erdung und bitte um Rückmeldung.

„Jetzt ist gut".

„Könnte es noch besser sein?", wage ich zu fragen.

„Ich bin schon so fest im Boden! Meine Füße sind so schwer!"

„Wie wäre es, wenn ich diesen Turmalin zwischen Ihre Füße legen würde?"

„Hm ..., kann man probieren", lächelt er.

Ich platziere den schwarzen Turmalin auf dem Boden und beobachte das gesamte Feld des Klienten. Allmählich verteilt sich die übermäßige Energieansammlung im Kopf. Ein tiefes Durchatmen folgt, fröhliche Augen schauen mich an, und Herr V. beschreibt, wie der Druck im Kopf nachlässt und sich langsam auflöst. Die Erleichterung ist das Ergebnis der Energieverteilung und der Stabilisierung durch die Ankerung und den Halbedelstein.

Die Verschiebung der Aura nach hinten wollen wir wenigstens ansatzmäßig noch heute korrigieren. Diese Aurapathologie ist vorwiegend bei Menschen vorhanden, die Angst vor der Zukunft und Mühe haben, im Leben und in ihrer Entwicklung voranzukommen.

Von hinten schiebe ich die Aura sorgfältig nach vorne, bis sie mit dem materiellen Körper synchron ist, was sich als sehr wohltuend und harmonisierend – sowohl körperlich wie psychisch – erweist.

Bei den zwei folgenden Sitzungen wirkt sich die Harmonisierung des Energiefelds von Herrn V. als stabilisierend auf seine Symptome aus, auf sein Verhalten, sein Aussehen, seine Entwicklung, seine Einstellung dem Leben gegenüber und auf seine Projekte, und wie er sie umsetzen möchte.

Der Klient ist im Körper, ist meistens besser geerdet, ruhiger und zugleich präsenter. Sein Gleichgewicht ist stabil, die Kopfschmerzen sind praktisch verschwunden. Er macht einen entspannten und kraftvollen Eindruck. Sein Charisma kommt zum Ausdruck. Er hat mehr Freude am Leben, seine depressive, pessimistische Einstellung hat sich in eine jetzt pragmatische, realistische und hoffnungsvolle umgewandelt. Seine Projekte sind konkret, er will unbedingt eine eigene Wohnung; er weiß, wie das zu bewerkstelligen ist und hat auch schon die ersten Schritte unternommen. Er scheint vernünftiger mit dem Geld umzugehen (zumindest theoretisch). Seine Ideale und Wertvorstellungen kann er besser einbringen, bodenständiger und mit mehr Klarheit.

<u>Fazit:</u>
Die hellsichtige Wahrnehmung ermöglicht eine prompte Feststellung der Prioritäten. Die Einfachheit der Arbeit, der Griffe oder der Vorgehensweise bewirken eine rasche Harmonisierung auf allen Ebenen. Zusammenhängende Themen finden ihre Ordnung wieder (Kopf, Erdung, Geld, Manifestation etc.).
Die gegenwärtigen und individuellen Grenzen des Klienten werden immer respektiert. Die Feinstofflichkeit diktiert das Tempo der Auraarbeit.

3. Frau R. und ihre Traumatisierung

Frau R., 22 Jahre alt, ist ein Opfer von Prostitution. Sie kommt zu mir durch die Empfehlung einer Traumatherapeutin. Meine Rolle ist eine geringe in einem Team verschiedener Therapeuten, die sie beraten und begleiten. Sie ist in ärztlicher Behandlung und wird von einer Suchttherapeutin, einer Psychologin, einer Gespächstherapeutin, einer Sozialarbeiterin, wie schon erwähnt einer Traumatherapeutin und einer Kinesiologin betreut. Eine Dauertraumatisierung über viele Jahre, wie es in der Prostitution üblich ist, benötigt die Zusammenarbeit eines ganzen Teams, das gut eingespielt und sehr erfahren ist.

„Prostitution ist kommerzialisierter und legalisierter Missbrauch", schreibt Rachel Moran, selbst eine Aussteigerin, in ihrer Autobiographie "Was vom Menschen bleibt".

Frau R. ist offen für Energiearbeit, weil sie über eine gewisse Empfänglichkeit für Stimmungslagen verfügt, die sie bereits in ihrer Kindheit als Überlebensstrategie entwickelt hat. Schon damals erfuhr sie emotionale und körperliche Misshandlung. Durch Armut,

List und Betrug geriet sie dann im Alter vor 15 Jahren in die Prostitution.

Sie weigert sich, sich auf die Liege zu legen, meint aber, ich dürfe alles mit ihr machen, was ich wolle. Von der Aura selbst hält sie nicht viel, aber "wenn das hilft, bin ich dafür offen".
Ich erkläre ihr, dass die Auratherapie auf eine Zusammenarbeit mit der Klientin basiere, und dass ihre Rückmeldung wesentlich für den Ablauf der Arbeit sei. Vor allem bei Missbrauchsfällen, wo typischerweise die Grenzen des Menschen überschritten und verletzt worden sind, ist die Kooperation zwischen Therapeutin und Klientin unentbehrlich.

Nachdem ich mich eingestellt habe, ist mein erster Eindruck eine Diskrepanz zwischen den Auraschichten. Auf den ersten Blick sehe ich den übermäßig großen, pulsierenden Emotionalkörper mit gestauten und geballten Energien, die in ständigem Aufruhr sind. Die Farben sind trübe. Dunkle Flecken und Wolken sind vorhanden. Auf der spirituellen Ebene nehme ich wahr, dass Frau R. eine wichtige Aufgabe mit weitreichenden gesellschaftlichen Folgen zu erfüllen hat. Auf der Ebene des Ätherkörpers ist die Vitalität eher niedrig, und sie hat ein paar Herde mit chronischen entzündlichen Prozessen und Verletzungen als Folge von Misshandlungen.

Die Priorität der Arbeit liegt im Emotionalkörper, der viel Kraft verbraucht und den Energiefluss von den höheren Ebenen bis hinunter zum Ätherkörper beeinträchtigt durch seinen chronisch aufgewühlten Zustand. Somit ist sie nicht imstande, ihre Lebensaufgabe richtig zu erkennen. Die Tatsache, dass sie aber den Mut, die Bereitschaft und die Willenskraft hat, sich aus dieser Situation zu befreien, ist höchst bewundernswert und auch ein Hinweis dafür, dass sie den Impuls ihrer Seele aufnimmt.

Ich erkläre Frau R., dass der Empfindungskörper gründlich gereinigt werden sollte, damit er nicht ständig dieselben Erfahrungen wiederholt. Weil er keine Unterscheidungsfähigkeit besitzt, sucht er ständig nach „Action", egal ob diese positiv oder negativ ist. Deshalb hinterlässt er gerne Prägungen, die den Menschen anfällig für die gleichen Schocksituationen machen. Diese Prägungen ziehen durch die Resonanz ähnliche Muster an und erschaffen so einen Teufelskreis.

Der Gefühlskörper wird mehrfach gereinigt mit den Händen, mit Bergkristallen und mit einer Geode aus Milchquarz, die gleichzeitig die Aura klärt und die Lebensbestimmung, also die Programmierung der Seele für diese Inkarnation, aktiviert und bewusst macht. Ich komprimiere und massiere auch die Aura immer im Einklang mit den Rückmeldungen von Frau R. Die gründliche Klärung des Emotionalkörpers führt uns zurück zu Kindheitsereignissen und noch weiter zurück zu einer Reihe von Übergriffen in unterschiedlichen Umgebungen in vorigen Inkarnationen. Diese Erinnerungen sind festgesetzt in verschiedenen Schichten des Energiefeldes. Es wäre sinnlos, Frau R.'s Schicksals noch mehr zu belasten, sodass ich die Muster aus der Vergangenheit nur kurz erwähne als solche, die sich durch die Inkarnationen fortsetzen. Für die Auratherapie bedeutet die Kindheit die Weiterführung der letzten Inkarnation, sodass wir Zusammenhänge umwandeln können, was eine gründliche und relativ rasche Veränderung bewirkt. Es ist weder für die Klientin noch die Therapeutin notwendig, die Einzelheiten zu erforschen. Was uns hier interessiert, und was vom Standpunkt der Seele aus sinnvoll ist, ist die Transformation der Muster, damit die Wiederholung derselben Ereignisse beendet werden kann.

Über mehrere Sitzungen und durch gute Teamarbeit können alte emotionale Muster umgewandelt und ersetzt werden durch friedliche, selbstbewusste und achtsame Reaktionen. Frau R. wirkt nun im Alltag gelöster, selbstbestimmter. Bei Herausforderungen neigt sie noch dazu, überholte Verhaltensweisen zu wiederholen. Dann kommt für meinen Teil der Arbeit die schwierigste Phase, die darin besteht, Zellerinnerung und Kristallisationen im Ätherkörper zu klären. Diese Behandlung kann Traumata auf so lebhafte Weise erneut erwecken, dass bei der Klientin der Eindruck entstehen könnte, sie erlebe diese Schocks und Misshandlungen aufs Neue. Und dies, obwohl die energetische Reinigung im Ätherkörper stattfindet, ohne dass der physische Körper berührt wird. Deshalb sollte eine zweite Therapeutin anwesend sein und als Zeugin fungieren. Somit vermeiden wir eine Situation, in der die Klientin die Therapeutin beschuldigt, ihre Grenzen überschritten zu haben.

Für die gezielte Klärung des Ätherkörpers müssen wir uns unbedingt viel Zeit nehmen in Form einer offenen Sitzung ohne Eile und ohne festgelegte anschließende Termine. In der Regel ermutige ich keine Katharsis. Hellsichtige Therapeuten wissen, dass sie Entitäten anzieht, die sich von chaotischen Emotionen nähren. Durch die Atmung, durch Metapher, durch Humor und die Formulierung von Eindrücken werden Gefühle ausgeleitet und umgewandelt. Das nochmalige Erleben von traumatischen Erlebnissen ist nicht erwünscht, denn diese imaginäre Wiederholung vertieft nur die Rillen der Programmierung und projiziert sie in die Zukunft hinaus im Variantenraum. "Energie folgt den Gedanken", ist ein grundsätzliches Postulat, das sehr klar und leicht zu beobachten und zu bestätigen ist. Da jedoch unsere Absicht darin besteht, in der Gegenwart die Energien der Misshandlungen umzuwandeln und in der Zukunft eine gesündere, heilere und schwingungsmäßig höhere Lebensqualität und ebensolches Verhalten zu fördern und zu bewahren, wirken wir im Hier und Jetzt und fokussieren auf das erwünschte Ergebnis. Bestimmte Körperregionen werden ausführlich bis in die Zellen und das Gewebe gereinigt. Und immer wieder werden die Imagination und die Anteilnahme der Patientin mit einbezogen. Die Hände, unterschiedliche Bergkristalle und Halbedelsteine sowie andere Hilfsmittel finden Anwendung. Meine Aufmerksamkeit richte ich auf Bindungen, die wie energetische Schnüre oder sogar Rohre aussehen können. Speziell im Fortpflanzungsbereich sind sie nicht ungefährlich. Diese energetischen Schnüre binden Frau R. an Personen, deren Einfluss sich auf ihre Heilung negativ auswirkt. Die Klärung wirkt nach z. B. durch Träume oder Déjà-vu-Erfahrungen oder auch Synchronizitäten.

Angestaute Aggressionen, die sich als Reaktion auf die traumatischen Erfahrungen angesammelt haben, sollten angesprochen und auch ausgeleitet werden. Ebenso kann große Trauer auftauchen. Am Ende einer Sitzung kann die Klientin so entspannt sein, dass sie einen kurzen Heilschlaf braucht. Aber auch das Gegenteil kann stattfinden, dass sie sich frei und energetisch aufgeladen fühlt.

Ferner gibt es Klientinnen, die sehr empfindsam sind und Nachsicht brauchen. Keine Reaktionsweise ist als gut oder schlecht zu bewerten, sondern sie ist individuell und gegenwärtig. Es könnte durchaus geschehen, dass die Reaktion bei einer folgenden Behandlung ganz anders ist. Der Mensch ist ein einzigartiges Wesen. Auch die digitale Welt bestätigt diese Beobachtung wie von Christoph Kucklick in „Die granulare Gesellschaft" beschrieben.

Auf keinen Fall sollten tiefe Reinigungen des Ätherkörpers bei traumatischen Erfahrungen allzu häufig wiederholt werden. Auch darf dabei nicht fanatisch vorgegangen werden. Vielmehr ist es erstrebenswert, die Integration der Veränderungen zuzulassen. Dabei fungieren die Zeit als Katalysator und natürlich ein kompetentes Team als Unterstützung.

Frau R. macht Fortschritte. Teilweise braucht sie Ermutigung bei der Gestaltung eines neuen Selbstbildes. Kleine Rückfälle sind Teil der Entwicklung und werden als positiv gewertet im Hinblick auf ihren selbstständigen Umgang mit der gegenwärtigen Situation, die für sie ganz neu und vielversprechend ist.

4. Anna und ihre hellsichtigen Fähigkeiten

Anna ist 15 Jahre alt. Vor einigen Jahren wurde sie mit Einsetzen der Pubertät hellsichtig, „einfach so, plötzlich, aus heiterem Himmel". Damals brachte sie ihre Mutter zu mir, weil sie über die feinstoffliche Wahrnehmung ihrer Tochter verunsichert war.

Der Zugang zu Anna war leicht und angenehm, denn sie hat ein sonniges Gemüt und wir sprechen „dieselbe Sprache". Sie war dankbar, sich frei mitteilen zu können und sich verstanden zu fühlen. Ich stabilisierte ihr Energiesystem und beriet sie ausführlich im Umgang mit ihren neuen Begabungen. Als sie selbstständig damit umgehen konnte, blieb sie meiner Praxis fern.

Jetzt ist sie mit ihrer Mutter wieder hier. Hübsch und selbstbewusst ist sie geworden. Grund für den heutigen Termin ist eine Verstauchung des linken Fußes, die sich ungewöhnlich entwickelt hat und von extremen, unberechenbaren neurologischen Schmerzen, einer sog. Hyperalgesie, begleitet wird. Zuerst vergewissere ich mich, dass Annas Symptome medizinisch gründlich abgeklärt worden sind. Die Diagnose lautet Algoneurodystrophie in Kombination mit einer Allodynie. Dafür gäbe es keine adäquate Behandlung.

Annas Zustand beobachte ich ausschließlich aus dem hellsichtigen Standpunkt. Unvoreingenommen betrachte ich ihre gesamte Aura und sehe eine auffällige Stelle in Höhe der linken Hüfte: dunkel, kaum pulsierend mit der Beschaffenheit einer dicken Flüssigkeit, ähnlich wie geschmolzene Schokolade.

Diese Energiemasse bearbeite ich und beginne sie zu verteilen. Unsere visuellen Wahrnehmungen bestätigen einander, und Anna verfolgt durch ihr Empfinden zusätzlich den Prozess von innen heraus. Je fester ich die Aura im Hüftbereich massiere, desto leichter wird der Schmerz am Fuß. Sie freut sich über die Erleichterung. Diese hält aber nicht an. Im folgenden Anlauf leite ich die trübe Energie nach unten. Am Fuß ist aber eine sehr kompakte Blockade in Form von Fremdenergien, die das Fußchakra beeinträchtigen. Mit Hilfe von Kristallen löse ich diesen Energiestau, der mit der Verstauchung zusammenhängt. Das erfahre ich durch die Gedankenformen und die Emotionen, die im Gewebe eingefangen sind.

Diese Arbeit bringt Fortschritte, aber noch keine endgültige Erholung. Wie immer arbeite ich an Annas Energiefeld, ohne sie zu berühren. Ich zeige ihr, wie sie selbst ihre Aura bearbeiten und ihre Hellsichtigkeit einsetzen kann.

Beim nächsten Termin intensiviere ich die Erdung und die Ausleitung der zähen Energie aus beiden Füßen. Die Maßnahmen werden von der Beobachtung der Aura und von Annas hellsichtigen Rückmeldungen untermauert.

Die Ergebnisse sind ermutigend: Die Krisen tauchen jetzt in größeren Abständen auf und sind milder geworden. Nun ist vor allem eine neue Stelle am Nacken sehr schmerzhaft. Ich führe eine Rückenreinigung durch. Noch mehr dunkle „flüssige Schokolade" scheint aufzutauchen. Es geht darum, gleichzeitig die Aura gut zu klären und die Energiemasse auszuleiten. Ein energetisches Prozedere, das eine sofortige Entspannung bringt. Ich wandle die Energie der dunklen Masse um und lasse sie in die Erde hineinfließen. Anna beobachtet meine Arbeit und unterstützt sie mit ihrer gezielten, bewussten Atmung. Dabei wird ihr leicht schwindelig, sodass ich den Rhythmus verlangsamen muss. Allmählich wird die Aura klarer, zuerst nur stellenweise, dann in größeren Flächen. Energetische Knoten aus der braunen Masse werden jetzt über die Fußchakren in den Boden ausgeleitet. Nur Anna und ich nehmen sie wahr. Sie spürt, wie das Unbehagen ihre Aura und ihren Körper verlässt. Um das symmetrische Gleichgewicht zu respektieren, stabilisiere ich beide Hüften, Beine und Füße, auch wenn ursprünglich eher die linke Seite beeinträchtigt war.

Anna sagt: „Jetzt ist es gut" und liegt danach tief entspannt auf der Liege. In der Praxis führe ich eine gründliche Raumklärung durch.

Einmal noch hat sich Anna telefonisch gemeldet, um eine positive Rückmeldung zu geben. Seit der letzten Sitzung hat sie keinerlei Schmerzen und keine Beeinträchtigungen mehr. Das war vor fünf Jahren.

HÄUFIG GESTELLTE FRAGEN

<u>I. Wie lange hält die Wirkung der Aurapflege an?</u>

Ob Auraklärung, Konturenpflege oder irgendeine regulierende Maßnahme innerhalb des Energiefeldes lang oder kurz anhält, ist individuell unterschiedlich. Zuerst stellt sich die Frage, wie die feinstoffliche Behandlung überhaupt angenommen und aufgenommen wird. Selbst wenn die Person dabei nichts oder nur wenig empfindet, ist die Arbeit wirksam. Das wird die zunehmende Hellsichtigkeit bestätigen. Tatsache ist, dass die meisten Menschen sich nur unzureichend beobachten können, vor allem wenn Angst, emotionale Unruhe oder körperlicher Schmerz vorhanden sind.

Die Aufnahmefähigkeit für die Auratherapie ist wie bei allen anderen Faktoren in dieser Welt variabel – wie z. B. die Reaktion auf ein Medikament. Energetische Systeme sind aber für sanfte Impulse immer empfänglich, denn es ist ihre natürlich angelegte Natur, als Empfänger und Sender zu fungieren. Bereits Goethe wusste: „Der Mensch an sich, insofern er sich seiner gesunden Sinne bedient, ist selber der größte und genaueste physische Apparat, den es geben kann; und das größte Unheil der neuen Physik ist, dass man die Experimente gleichsam vom Menschen abgesondert hat und bloß mit dem, was künstliche Instrumente zeigen, die Natur erkennen, ja was sie leisten kann, dadurch beschränken und beweisen will."

Wenn der energetische Impuls bewusst empfangen wird, ist die Wirkung umso stärker. Wenn also die Auraarbeit vom Verstand registriert und formuliert wird, ist ihre Heilkraft intensiviert. Auch wenn sie als zart, leise, gar gering eingestuft wird, ist die Veränderung integriert durch die Beobachtung der Klientin. Das Gewahrsein macht den ganzen Unterschied aus, und das ist einer der

Gründe, warum die Patientin mit einbezogen wird. Die Zusammenarbeit intensiviert den heilenden Prozess für die Ärztin und die Patientin; eine magische Synergie entsteht zum Wohle aller und vor allem zur Wiederherstellung der Ganzheit.

Viele Faktoren spielen eine Rolle: von der persönlichen Resilienz, den allgemeinen Anlagen bis zu den gegenwärtigen Umständen, zu der die Person nach der Behandlung zurückkehrt, seien es persönliche Gewohnheiten (Nervosität, Ärger, Suchtverhalten usw.) oder ihre Umgebung (unerträgliche Arbeitsbedingungen, zwischenmenschliche Beziehungen usw.). Je geringer die Bereitschaft ist, die Lebensbedingungen, die eigene Einstellung und Perspektive oder jegliche Ursachen der Disharmonien zu verändern, umso schneller werden die Muster in der Aura wieder ihren alten Platz einnehmen und sich dann wiederholen. Andersherum kann die Therapeutin jede kleine Verbesserung als Sprungbrett für die nächste benutzen, in dem Wissen, dass jeder Mensch sein eigenes Tempo besitzt.

Ein pragmatisches Bild erklärt die Situation: Nachdem ein Raum gründlich gereinigt wurde, treten grobe Menschen fluchend mit schmutzigen Stiefeln ein. Sie beschmutzen das Zimmer sowohl energetisch als auch grobstofflich, und ist es klar, dass die vorherige Säuberung in kürzester Zeit zunichte gemacht wird. Im Gegensatz dazu steht ein achtsamer Umgang mit der Umgebung, bei dem jede Art von Verunreinigung vermieden wird.

Zwei Aspekte beeinflussen die Nachwirkung der Auratherapie: Erstens darf die Patientin auf keinen Fall in den vorherigen Zustand (Schmerz, Anspannung, Angst ...) zurückfallen durch Erzählen und sich Hineinfühlen in eine Reaktion, die gerade gelöst und umgepolt wurde. Der Zweck der Behandlung besteht darin, sich präsenter und lebendiger zu fühlen als zuvor und nicht einen Rückfall in alte Muster zu programmieren. Bei der Behandlung wird die Person in die Gegenwart gebracht und dazu ermutigt, ihr jetziges Wohlbefinden zu beobachten, zu fühlen und in den Alltag zu integrieren. Zweitens ist es unvorteilhaft, die Auratherapie schnell zwischen anderen aufregenden Tätigkeiten durchzuführen, sodass kaum oder keine Zeit vorhanden ist, um die Arbeit nachwirken zu lassen. Sich sofort nach einer Behandlung wieder in Stresssituationen zu begeben, die tief im Feinstofflichen wirken, macht die subtile Arbeit weniger effizient und erzielt einen kontraproduktiven Effekt.

In der Regel ist ein Abstand von drei bis vier Wochen zwischen den Sitzungen empfehlenswert; möchte jemand eine akute Situation bearbeiten, dann kann es sein, dass zwei oder drei Termine eng aufeinander folgen. Auf alle Fälle ist die persönliche Entscheidung der Klientin richtungsweisend.

2. Muss man an die Reinkarnation glauben?

Gelegentlich beinhaltet die Auratherapie Elemente der Reinkarnationstherapie und Erlebnisse, die in anderen Leben gesammelt wurden. Diese stehen aber bei der Auraarbeit nicht im Vordergrund und werden auch nicht absichtlich gesucht, sondern sie tauchen in gewissen Zusammenhängen und Synchronizitäten im Bewusstsein der Ärztin oder der Patientin auf sowie in Träumen, Déjà-vu-Erfahrungen, Einsichten und Erinnerungen. Durch die Hellsichtigkeit in ihren unterschiedlichen Formen erscheinen auch Bilder, Ereignisse und Empfindungen, die eine Zeitperiode oder ein Muster ausmachen. Diese können zum Ausdruck gebracht und vorsichtig beschrieben werden, solange sie einen Platz in der Behandlung haben und der Auratherapie einen Sinn verleihen. Belastende Einzelheiten, grausame Geschichten und erschwerende Berichte sollten unbedingt verhindert werden sowie alle pauschalen Beschreibungen, die niemanden weiterbringen. Meistens hat die Klientin genug zu tun mit ihrem jetzigen Dasein. Missetaten aus anderen Leben bringen keine Verbesserung und können die gegenwärtige Situation sogar erschweren. Die Details sind an und für sich belanglos. Die Wiederholung eines Themas ist das Schlüsselerlebnis, das häufig die Auseinandersetzung mit der Thematik in diesem Leben anstößt. Des Öfteren stellt sich heraus, dass das belastende Muster mit ähnlichen Mustern aus der Kindheit und aus vorigen Inkarnationen in Zusammenhang steht. Umkehrung des Musters und lösungsorientierte Ansätze in der Gegenwart sind die Antwort.

Wie gehen wir um mit der folgenden Situation? Die Patientin berichtet von einer Erfahrung, die sie in einer anderen Inkarnation gemacht hat. Sie fühlt sich dadurch jetzt körperlich, emotional, psychisch oder spirituell belastet, während die Therapeutin überhaupt keinen Zugang dazu findet.

Mit Sicherheit können die üblichen Arbeitsmethoden der Ärztin eine Unterstützung gewährleisten, auch wenn sie an gewisse Grenzen stoßen. Das Augenmerk liegt in jedem Fall auf der jetzigen Lebenssituation, und es ist streng darauf zu achten, dass die Person sich nicht in der Vergangenheit und im Bezug zu dieser Inkarnation verliert. Trance-Zustände, Regressionen und Rückführungen sollten unbedingt den ausgebildeten Fachleuten überlassen werden. Aber im Großen und Ganzen können die vertrauten therapeutischen

Werkzeuge gute Dienste leisten, auch wenn das Mitschwingen und die Bestätigung von Ereignissen zu kurz kommen.

Die Reinkarnationstherapie und unzählige Berichte aus aller Welt von psychiatrischen Fachärzten beweisen diesen Prozess der Wiederverkörperung. Viele persönliche Erlebnisse und Einsichten belegen ihn. Vielleicht widerspricht die eigene religiöse Einstellung dem Glauben an Reinkarnation. Die individuelle Offenheit führt zu derjenigen Weltanschauung, die in Übereinstimmung mit den inneren und äußeren Erkenntnissen steht. Eine streng katholische Dame aus meinem Umfeld kommentierte zum Thema Wiedergeburt: „Ich kann mir das gut vorstellen, wenn ich die Natur beobachte. Nichts vergeht wirklich. Alles kommt immer wieder. Es nimmt eine neue Form an. Was im Winter zu sterben scheint, blüht im Frühling erneut auf. So ist es auch für uns."

Für diejenigen, denen bewusst ist, dass der Mensch ein Reisender zwischen Raum und Zeit ist, können wir auch den Begriff der „parallelen Leben" einführen, die die unterschiedlichen Bewusstseinsebenen bewohnen.

3. Wer kann von einer Auratherapie-Ausbildung profitieren?

Einige Menschen kommen zur Auraarbeit durch die Auseinandersetzung mit der eigenen Medialität, ob geschult oder nicht. Feinfühligkeit, hohe Sensibilität und/oder persönliche Erfahrungen führen zu der Entdeckung, dass es mehr zwischen Himmel und Erde gibt ..., wie bereits Shakespeare meinte. Also ein intuitiver Zugang zur Feinstofflichkeit wird gesucht und erforscht. Andere wollen eine seriöse Basis, um die eigene Wahrnehmung zu entwickeln und in den persönlichen und beruflichen Alltag zu integrieren. Viele merken, dass sie an Grenzen stoßen, und dass es Zeit ist, den eigenen Horizont zu erweitern. Manche suchen neue Wege, eine Ergänzung oder gar eine Erweiterung in ihrer Arbeitsweise. Wiederum haben einige schon schamanistische und andere Therapien durchlaufen und möchten eine subtile Arbeitsweise, die eine geerdete Spiritualität auf fundierte Weise mit einbezieht.

Allerlei Berufszweige im Heilbereich und deren Beschäftigte können den energetisch-feinstofflichen Aspekt nicht mehr ignorieren, denn die Zeiten und das allgemeine Gewahrsein sind dafür reif und offen. Zudem wird sich diejenige, die wirklich verstehen will, was hinter manchen Pathologien steckt, irgendwann mit dem Unsichtbaren auseinandersetzen.

Selbst bei neuen Krankheitsbildern oder rätselhafter Symptomatik, die zunehmend im Zusammenhang mit allgegenwärtigen elektromagnetischen Feldern, mit Radioaktivität, mit kosmischen Strahlen oder mit der Auswirkung von negativen Einflüssen auftritt, kann die Auratherapie Lösungsansätze bieten, noch bevor sich zerstörerische Strukturen im Organismus richtig festsetzen.

Ferner entstehen durch die spirituelle Entwicklung der Menschheit und durch kosmische Einflüsse wie Sonneneruptionen, Mondfinsternisse und besondere astrologische Konstellationen entsprechende Veränderungen im feinstofflichen System der Menschen, die sich wiederum in atypischen Symptomen im grobstofflichen Körper ausdrücken. Genau in diesen Fällen ist eine gezielte, sanfte Auraarbeit geeignet, um weiteren Schaden und Unbehagen abzuwenden.

Es wird mir berichtet, dass immer mehr Klientinnen und Patientinnen ausdrücklich Praxen aufsuchen, in denen feinstoffliche Arbeit angeboten wird, an und für sich oder als Ergänzung zu anderen therapeutischen Ansätzen. Heilpraktikerinnen, Ärztinnen, Physiotherapeutinnen, Hypnosetherapeutinnen, Kinesiotherapeutinnen, Yoga-Lehrerinnen, Psychiaterinnen, Sozialpädagoginnen profitieren von der Ausbildung in Auratherapie in ihren Praxen. Die unmittelbaren Erfahrungen, die während der Ausbildung gesammelt werden, wirken überzeugend und ermutigend auf die vorhandenen Begabungen. Die eigenen Fähigkeiten entfalten sich zunehmend und bereichern das Dasein.

4. Wie kann die Auratherapie in einer bestehenden Praxis integriert werden?

Zuerst geht es einmal darum, selbst das energetische und subtile Denkmodell in die eigenen Mentalstrukturen zu übernehmen, anders gesagt, das Feinstoffliche als normal anzuerkennen. Es ist die erweiterte Betrachtungsweise, die Raum schafft für die unsichtbare Dimension des Menschen. Sie kann manches erklären und einiges viel schneller und einfacher in die richtige Ordnung bringen oder den ursprünglichen Zustand wieder herstellen. Die Aura ist ein natürlicher und selbstverständlicher Teil des Organismus. Keine Aura, kein Körper.

Hieraus ergibt sich eine weitere Frage: Wie biete ich meinen Klientinnen einen feinstofflichen Zugang an?

Mit kurzen, einfachen Erklärungen wird die Patientin informiert. Am besten wird anfangs die Auratherapie unter normalen Bedingungen teilweise in den üblichen Praxisablauf integriert: Aurabewusstsein und Aurapflege lässt man in die Therapie nach und nach einfließen.

Die Rückmeldungen der Klientinnen erleichtern die Zusammenarbeit und bestätigen die eigenen Wahrnehmungen. Man sollte sich auch daran erinnern, dass die Patientin in der Regel wenig Einblick in das therapeutische Vorgehen ihrer Behandlerin besitzt. Grundlegend ist das Vertrauen zur Ärztin und das hängt von positiven vergangenen Erlebnissen und von der Beziehung Klientin-Therapeutin ab.

Zu guter Letzt – und diese Frage möchte ich offen lassen – ist es nicht die Pflicht und die Verantwortung der Heilkundigen, die optimale Hilfe anzubieten, um das Leiden oder das Unbehagen zu beenden, und den Menschen auf seinem Weg zu unterstützen?

Erwähnen möchte ich auch noch den Zeitaspekt. Es mag der Eindruck entstehen, dass die Auratherapie sehr behutsam und mit Rückmeldungen verläuft und viel Zeit in Anspruch nimmt. Das stimmt: Die Ärztin nimmt sich Zeit für ihre Patientin. Aber die Auraarbeit ist grundsätzlich einfach, wendet sich an die subtilen Ursachen und wirkt schnell und zielgerichtet. Daher ermöglicht die etwas andere Zeiteinteilung prompte Verbesserungen in kürzester Zeit und mit weniger Aufwand für beide – Klientin und Therapeutin. Das wiederum ist eine Bereicherung für jede Praxis.

<u>5. Wie wirkt sich die Auratherapie auf die Therapeutin aus?</u>
Ein Gleichgewicht zwischen beiden Gehirnhemisphären ist von Vorteil. Die Verbindung wird sich mit der Ausübung der Aura-

therapie verstärken. Folgen sind die Integration und Interaktion von Intellekt, Verstand, Ratio, Intuition, Inspiration und allumfassendem Wissen. Die Verbindung zwischen Geist und Seele, die die Ganzheit des Menschen beinhaltet, eröffnet neue Perspektiven und kreiert Lösungen. Auf Dauer erschließt diese Art von Arbeit neue Wege und schafft Raum für Erfindungen und Zugänge, die entsprechend neue Themen und Probleme lösen können. Ein Umdenken findet statt und unterstützt die Entwicklung der Therapeutin. Die Herzqualitäten verbinden sich mit den mentalen Kapazitäten. Die Behandlung fließt über die Auren und harmonisiert, was aus dem Gleichgewicht geraten ist, aktiviert die Selbstheilungskräfte, die im Einklang stehen mit der Urprogrammierung jeder Zelle. Vieles geschieht einfach und von ganz alleine, wenn wir einen Impuls geben und achtsam geschehen lassen, denn die DNA weiß, die Natur weiß und der Organismus weiß auch. Es bedarf gelegentlich nur der Erinnerung.

Dazu ein kurzes Beispiel: Eine Klientin hat Eheprobleme und berichtet, dass das Paar ernsthaft an Scheidung denke. Meinerseits sehe ich als Hauptthema eine Anhaftung an die Vergangenheit, die die Klientin blockiert und an frühere Ereignisse fesselt. Diese Bindung an die Vergangenheit löse ich. Ich mache nichts weiter, gebe nur noch ein paar Empfehlungen. Zwei Monate später berichtet sie, dass ihre Ehe gerettet sei durch die Veränderung, die die Sitzung in ihr bewirkt habe. Die Klientin ist jetzt von den Zwängen der Vergangenheit befreit und erlebt ihre Ehe in ihrem gegenwärtigen Zustand.

Der richtige Impuls verursachte eine solch folgenreiche, allgemeine Wiederherstellung der Konstellation, dass die Behandlung wie ein Wunder erscheint.

Mit der Auratherapie erleben wir tatsächlich manches Wunder, gerade weil diese Behandlungsart nicht eindringlich ist. Der richtige Impuls wird gegeben und dem innenwohnenden Wissen der Aura, der Seele, dem Höheren Selbst des Menschen überlassen. Das Weltbild der Therapeutin öffnet sich für tiefere Zusammenhänge, für Wirksamkeit durch Einfachheit und für latente Fähigkeiten wie die Hellsichtigkeit und andere subtile Wahrnehmungen sowie für Werkzeuge wie Vorstellungskraft, Imagination, Intuition und Inspiration. Das Vertrauen des lebendigen Organismus wird wiederbelebt und angeregt.

ANHANG

a) Rückmeldungen von Seminarteilnehmern und Klienten

Hier möchte ich die Rückmeldungen erwähnen von Menschen, die die Ausbildung zum Auratherapeuten – entweder im Individual- oder im Gruppenunterricht – absolviert haben.

Ich habe Aurélienne Dauguet vor fünf Jahren kennen und als wundervollen Menschen und Mentorin von Herzen schätzen gelernt. Damals tauchte meine Hellsichtigkeit aufs Neue auf. Zeitweise war ich überfordert von den vielen Wahrnehmungen. Ich suchte Unterstützung und Schulung und stieß auf Aurélienne Dauguet. Mit ihrer Hilfe habe ich meine Intuition und das Vertrauen in mich und meine Gabe gestärkt und kann meine Fähigkeiten jetzt gezielt anwenden. Die Methoden der Auratherapie sind überzeugend, klar und einfach. Ich lasse das Erlernte täglich in meiner Praxis für Hypnose und Schmerztherapie einfließen und habe Erfolg in der Therapie der Patienten! Ich behandle vor allem Menschen mit psychosomatischen und psychischen Problemen. Die Patienten erlernen viel schneller, ihren Schmerz zu verarbeiten, ihren Lebensprozess zu erkennen oder ihre Persönlichkeit und Aufgaben zu verstehen und anzunehmen.

Dr. med. Barbara Reut Schatzmann,
Hypnose- und Schmerztherapeutin

Seit Albert Einstein wissen wir ja, dass wissenschaftlich gesehen alles Energie ist, die sich unterschiedlich auszudrücken vermag. Das Verständnis der feinstofflichen Vorgänge ermöglicht ein besseres Verständnis von Alltäglichem, z. B. zwischenmenschlichen Erfahrungen, und eröffnet neue Möglichkeiten, mit diesen Erfahrungen konstruktiv umzugehen.

Die Ausbildung zum Auratherapeuten bei Aurélienne hat mir gezeigt, dass jeder die Fähigkeiten dazu hat und nur die Sinne dafür geöffnet werden müssen. Sie zeigt einen sehr praktischen und einfachen Weg auf, um die Selbsterkenntnis immer mehr zu vertiefen. Dadurch können bisher unbewusste Kräfte harmonisiert werden, sodass wir künftig freier und kraftvoller agieren können.

Heinrich Textor,
Yoga-Lehrer und Atemtherapeut

Die Ausbildung in der Auratherapie bei Aurélienne war eine perfekte Erweiterung meines breitgefächerten Therapieangebots für die Arbeit in meiner Praxis.

Zudem war sie eine persönliche Bereicherung meines Erfahrungsschatzes und meiner eigenen Prozesse.

Aurélienne vermittelt mit humorvoller Art ihr Wissen. Sie versteht es, die Auraarbeit in die Praxis zu integrieren und in das Leben einfließen zu lassen.

Beate Pfründer,
Heilpraktikerin, Heilerin, Mutter

Durch die Ausbildung zur Auratherapeutin bei Aurélienne ist für mich mehr als nur ein Puzzleteil zu meiner therapeutischen Arbeit dazugekommen.

Es ist eine Öffnung zu einer deutlich wahrnehmbaren Dimension, deren Zuwendung und Erforschung kontinuierlich meine Neugierde weckt. Meine Kenntnisse durch die Heilpraktiker-Ausbildung sind durch Auréliennes Einweisungen in die feinstoffliche Anatomie für mich brauchbar und ideal ergänzt worden. Es rücken nun immer öfter energetische Therapieansätze in mein Bewusstsein.

Heilpraktikerin und Kosmetikerin

Oft sind die Ursachen körperlicher Beschwerden auf der psychischen, emotionalen Ebene zu suchen und nicht eindeutig identifizierbar. Schaut man sich einmal an, auf welche Weise sich Krankheiten im Körper manifestieren, stellen wir fest, dass die Entstehung über mehrere Jahre dauert. Würden wir unseren Energiekörper pflegen und regelmäßig reinigen, könnten wir dem Ausbruch vieler Krankheiten vorbeugen.

Wie funktioniert nun Auratherapie? Sie ist sanft und wirkungsvoll. Wir erspüren die Aura mit unseren Händen oder sehen sie, je nach unseren Fähigkeiten. Auratherapie ist aber für jeden interessierten Therapeuten erlernbar; es schlummern diese Fähigkeiten doch in jedem von uns. Außerdem können wir bei Bedarf mit verschiedenen Hilfsmitteln arbeiten. Ich persönlich liebe diese Art von Energiearbeit sehr.

Monique Zimmermann,
Massage und Energiearbeit

Die Auratherapie ist für mich ein gutes Werkzeug, um selbst achtsamer, bewusster, einfacher, klarer und präsenter zu sein. Eine wundervolle, sanfte und gleichzeitig kraftvolle Wahrnehmungsschulung, die einfach ist und wirkt.

Bevor ich eine der vielen physiotherapeutischen Therapiekonzepte und Techniken am Körper anwende, bewege ich mich in der Aura des Patienten/des Hilfesuchenden. Dort gibt es viele Zusatzinformationen, die genutzt werden sollen. Wenn ich hier mit der Arbeit beginne, wirken die anderen Techniken und Werkzeuge auch noch effektiver.

Die Menschen nehmen sich selbst wieder besser wahr. Und das fördert ganz einfach das Selbstvertrauen und die Selbstheilungskraft jedes einzelnen. Und diese Entwicklung finde ich höchst erfreulich und positiv. Die Leute erkennen auch wieder früher, wenn etwas nicht so gut für sie ist oder etwas nicht stimmig ist für ihr Leben. Für mich ist das Werkzeug der Auratherapie eine absolute Bereicherung in allen Lebenslagen.

Sabine Huber,
Physiotherapeutin

Meine Begegnung mit der Aura war eine tiefe spirituelle Erfahrung. Durch Aura-Sehen habe ich das Nichtsichtbare gesehen, ich war durch diese energetische Wahrnehmung fasziniert. Die von mir bisher versteckte feinstoffliche Welt zeigte sich in aller Vielfalt: in Farben, in Luftbewegung, in geometrischen Figuren, Geräuschen und verschiedenen anderen manchmal unbeschreiblichen Formen. Ich habe erfahren, dass alles auf der Erde lebendig und beseelt ist: Pflanzen, Wasser, Erde ..., dass die Natursteine die Vergangenheit, die Gegenwart und die Zukunft in sich vereinen und uns bei Befindlichkeitsstörungen und echten körperlichen Krankheiten helfen und heilen können. Hier ist der Einsatz der Auratherapie z. B. in der Psychosomatik und Psychotherapie beachtlich.

Es ist die Achtsamkeit selbst, es ist Ruhe, Geborgenheit, Weisheit und Hoffnung, Schöpfung der Energie und Blick auf die höchste Ebene.

Ich begrüße alle Suchenden, ich hoffe, dass Sie viele Antworten auf Ihre Fragen bezüglich Auratherapie in diesem wunderbaren Buch von meiner lieben Lehrerin, Aurélienne Dauguet, finden.

Prof. Dr. med. Vitalij Kazin
Facharzt für Psychiatrie und Psychotherapie, Naturheilarzt

Liebe Aurélienne,

abgesehen von den vielfältigsten Methoden zu ganzheitlicher Harmonie zurückzufinden, hatte die Auratherapie-Ausbildung bei mir den Effekt, in jeder Hinsicht über mich hinauszuwachsen. Nicht nur theoretisch, sondern v. a. praktisch spürbar erfuhr ich, dass mein Sein über die Grenzen des Körpers hinaus existiert und wirkt. Das Gewahrsein meiner Ausstrahlung und die allen Lebens ließ mich enorm wachsen.

Danke, Aurélienne.

Claudia Pflueger,
Diplompädagogin und Praktikerin

Die Ausbildung hat mir eine neue Dimension eröffnet. Es hat mein Vertrauen in meine Intuition gestärkt und mir neue Wege der feinstofflichen Wahrnehmung gezeigt. Im Alltag dient mir diese neue Wahrnehmung als Schutz und Wegweiser. Ich habe gelernt, gewisse Dinge schon in der Aura zu spüren, bevor sie sich körperlich manifestieren. Und dadurch habe ich die Möglichkeit, etwas zu verändern, ohne z. B. krank werden zu müssen.
Ich weiß, dass es in dieser Dimension noch viel zu entdecken gibt und freue mich darauf.

Nadine Bless,
Mutter von drei Söhnen

Liebe Aurélienne,
meine Mutter starb nicht gut. Im folgenden Jahr erschien mir ein Bild von ihr, erschreckend im Ausdruck und nicht ganz tot. Es blieb einige Tage lang bei mir. Aurélienne, Du hast verstanden, dass die Seele meiner Mutter sich nicht von der Bindung an die Erde – auch an mich – lösen konnte, dass sie Hilfe suchte.
Du hast mich gelehrt, ein Gespräch mit der Seele meiner Mutter zu führen, wie das zu tun sei, mit großer Klarheit. Du hast das Gespräch übernommen, wo es nötig war und solange, bis die Seele auf ihrem Weg war. Aurélienne, du hast mich verstehen und fühlen gelehrt, was wir Lebenden beitragen können zu einer guten Seelenreise der Verstorbenen, wie sich beide voneinander lösen können.

Christiane Rösner,
Shiatsu Therapeutin und Lehrerin

Während dieser Anwendung strömte plötzlich Energie aus meiner Schulter heraus, ich empfand die Behandlung als sehr angenehm und reinigend. Ich spürte aber zunehmend, dass noch eine enorme Körperreaktion folgen würde. Meine Lehrerin beruhigte mich mit den Worten: „Keine Angst, es kommt nichts heraus, was nicht darin ist!" Wie Recht sie hatte! Dieser Satz wird mich mein Leben lang begleiten und bestätigt sich immer wieder.

Das intensivste und nachhaltigste Erlebnis hatte ich jedoch bei einer Aura-Reinigung durch Aurélienne. Ich kam mit dem Beschwerdebild von seit längerer Zeit bestehender und zunehmender Schmerzen im linken Oberarmmuskel. Auf meiner linken Seite liegend – der Behandlerin den Rücken zugewandt – schloss ich meine Augen und hatte das Gefühl von krabbelnden Käfern, die auf meinem Rücken über die Brustwirbelsäule spazierten. Plötzlich spürte ich, wie eine Kraft aus meiner rückwärtigen Aura ein feingliedrig verzweigtes und spinnennetzartig silbernes hartnäckig-klebriges Geäst herauszog – dies hat mich sehr beeindruckt – und – die Schmerzen in der Muskulatur sind seither verschwunden.

Christine Ramsbacher,
Heilpraktiker für Psychotherapie (HP Psych.)

Die Ausbildung der Auratherapie hat mich auf eine Reise in mein tiefstes Inneres geschickt und meine Welt gefühlvoller gemacht. Das hat mich und meine Umgebung verändert. Ich betrachte seitdem die Natur mit anderen Augen.

Magdalena Klöckner,
Studentenbetreuerin

... und immer wieder diese Frage: „Ist da mehr, als ich sehen, fassen, begreifen kann ...?

Das mit dem Begreifen ist so eine Sache. Ich würde es an dieser Stelle vielleicht mit dem Phänomen eines Eisbergs vergleichen wollen.

Das, was wir begreifen können, ist buchstäblich nur die Spitze des Eisberges. Der weitaus größere Teil des Ganzen befindet sich unterhalb der Oberfläche und ist uns erstmal vorenthalten.

Selbst die Wissenschaft kann heute nachweisen (und das ist tatsächlich schon fast revolutionär an unserer Zeit) was Gelehrte, Mystiker und Schamanen schon immer wussten: Ein komplexes Zusammenspiel verschiedenster Faktoren bestimmt unser Wohlbefinden. Vieles, was wir nicht sehen oder glauben können, existiert!

Lydia Heymann,
Studienleiterin Paracelsus Schule München

Eine Seelenreise

Ich freue mich sehr auf meinen Termin bei Aurélienne. Sie beginnt wie immer. Ich sitze auf einem Hocker und Aurélienne arbeitet sich langsam in meiner Aura voran. Sehr schnell erfasst sie, wo bei mir Blockaden sind. Sie stellt einige Fragen und ich bin erstaunt, wie sicher sie wieder „den Punkt" trifft. Sofort verändert sich mein Gefühl und ich kann wieder frei atmen. Nun bittet sie mich auf ihre Liege.

Ich bin entspannt und Aurélienne arbeitet konzentriert mit ihren Händen über meinem Körper. Es fühlt sich gut an. Und plötzlich ist sie da: eine unglaubliche Wut! Sie nimmt Besitz von mir! Aus dem Nichts! Ohne erkennbaren Grund! Ich gebe Aurélienne

Rückmeldung. Ich habe das Gefühl, im Nacken eine bleischwere, golfballgroße Kugel stecken zu haben. Sanft arbeitet Aurélienne nun an dieser Stelle. Ich fühle ein „Öffnen der Hand", und die Kugel löst sich auf. Nun ist auch die grenzenlose Wut verraucht. Aurélienne stellt mir Fragen und hat treffende Hinweise auf dieses Geschehen. Ich begreife Zusammenhänge, die lange zurückliegen. Unglaublich, was sich in den Seelengemächern finden lässt. Aurélienne hilft mir, Verstrickungen zu lösen und Fäden zu durchtrennen. Alles ist wieder im Fluss. Ich fühle mich erfrischt wie nach einer Dusche mit klarem und frischem Wasser. Es ist licht und leicht und fröhlich in mir. Ich bin ein funkelnder Diamant und im Einklang mit meiner Seele.
Herzlichen Dank, liebe Aurélienne!
In inniger Verbundenheit

Diana Wagner,
Mutter von acht Kindern

Auratherapie bedeutet für mich eine Bewegung in alle Richtungen, vor allem in die Tiefe.
Eine Reise. Eine Reise zu mir selbst. Immer mehr beginnt man zu verstehen, ja zu erkennen, was sich dahinter verbirgt. Die Aura nimmt eine Form an. Man kann sie plötzlich spüren, fühlen, ja vielleicht sogar sehen, schmecken, hören oder riechen. Sie wird ganz real und man erkennt, dass ALLES schon immer da war. Es öffnet sich ein weiteres Fenster zur großen unbekannten Welt.
Dies ist aufregend, abenteuerlich und schließlich bringt es ein Stück mehr Frieden und Glück für die eigene Seele und für die der andren.

Elke Pawlitschko,
Erzieherin

Neue Paradigmen der Aura

Die Aura als Schnittstelle für Physik und Metaphysik, Transzendenz und irdisches Dasein

Der menschliche Körper ist allein schon als physisches Phänomen ein wahres Wunderwerk der Schöpfung. Noch Wunder-voller ist die Aura, das feinstoffliche Energie- und Informationsfeld, das diesem zugrunde liegt. Aurélienne Dauguet erläutert in ihrem Beitrag die Gesetzmäßigkeiten der Aura und den praktischen Nutzen des Aura-Lesens.

Können Sie sich vorstellen, dass Ihre Aura da sitzt, wo Ihr Körper sich befindet? Können Sie sich vorstellen, dass Ihre Aura stets Leben, Bewusstsein, Regenerationsvermögen, Licht und Intelligenz in Ihre Körper-Seele-Geist-Einheit einfließen lässt? Können Sie sich vorstellen, dass Ihre Aura Sie darüber hinaus mit der Menschheit, mit allen Wesen, mit allen Dingen dieser Welt und mit dem Kosmos in ständiger Verbindung und Interaktion hält?

Eingebunden in das Ganze

Wie fühlen Sie sich beim Lesen dieser Fragen? Vielleicht ein wenig größer oder weiter – so, als ob Sie sich gestatten würden, Ihren Platz im Universum einzunehmen. Vielleicht möchten Sie tief durchatmen, denn Sie spüren einen Hauch von Unendlichkeit wie das Licht der Flamme, das sich grenzenlos ausdehnt. Das Licht kennt keine Grenzen, sagt die Wissenschaft. Die Ausstrahlung der Aura dehnt sich unendlich und ewig im Äther des Kosmos aus, sagt die Transzendenz.

Alles ist miteinander verbunden, alles ist eins durch das alles durchdringende Gewebe der Schöpfung. Auch der Mensch ist eingebunden in das Ganze. Einzigartiges Wesen und gleichzeitig Teil der allgegenwärtigen Essenz zu sein – das ist die spirituelle Aufgabe der Menschheit auf ihrem Weg zur Wiedervereinigung mit der Ganzheit.

Wachsendes Interesse am Feinstofflichen

Mit der Aura betreten wir das Reich des Paradoxen. Das Bewusstsein für die Aura entfaltet sich derzeit in unzähligen Bereichen der Gesellschaft, wie z. B. in der Medizin, der Psychologie, der Energetik, in der Psychiatrie, der Physik und in der Technologie, die u. a. für die Diagnostik Strahlungen und Emanationen messbar, sichtbar und nutzbar macht. Der Metaphysik, der Parapsychologie, der Mystik, der Medialität und der Radiästhesie hingegen ist die Welt der Feinstofflichkeit längst bekannt und zugänglich.

Ein großer Vorteil und ein Merkmal dieser Epoche sind das wachsende Interesse und die erweiterte Wahrnehmung, die der Mensch des 21. Jahrhunderts überall für das Leben entwickelt. Aspekte, die lange Zeit als verborgen oder unsichtbar galten, wie meditative Erfahrungen, energetische Praktiken, die Auseinandersetzung mit anderen Realitäten und Dimensionen, mediale Fähigkeiten, Intuitions- und Entspannungstraining, öffnen den Weg zu höheren Wahrnehmungen. Die Bereitschaft, sich für die feinstoffliche Welt empfänglich zu machen, ist heute vorhanden. Und die Kinder der Neuen Zeit werden mit ausgeprägten Veranlagungen geboren. Auch die Wissenschaft erweitert ihren Blickwinkel.

Aura-Sehen bringt viele Vorteile

Der Biophysiker Prof. Fritz-Albert Popp hat nachgewiesen, dass jede Zelle einen Lichthof ausstrahlt, der unterschiedlich pulsiert, abhängig davon, ob die Zelle gesund ist oder nicht. Seine Biophotonen-Forschung bestätigt die Wahrnehmung des Hellsichtigen und bekräftigt den Prozess, der das Lesen der Aura ermöglicht.

Wichtige Informationen und energetische Veränderungen können im aurischen Feld als Vorzeichen einer Krankheit festgestellt werden, noch bevor sie sich im Körper und im Leben des Klienten niederlassen und festsetzen. Natürlich kann auf dieser Ebene das Gleichgewicht wiederhergestellt werden, sodass die pathologischen Prozesse sich nicht weiter entwickeln.

Das Sehen der Aura ist aber nicht nur ein therapeutisches Werkzeug für die Erhaltung bzw. Wiederherstellung der physischen und psychischen Gesundheit, sondern stellt auch eine Bereicherung für den Alltag und die gesamte Interaktion mit der Welt dar. Das Aura-Bewusstsein optimiert die Lebensqualität. Die Lebendigkeit der Nahrungsmittel, des Wassers, die Frequenz eines Raums, die Absicht eines Schreibens, die Motive einer Handlung, die Reinheit eines Mittels werden über die Hellsinne eruiert.

Mit geübtem Blick kann die Aura auch auf Entfernung erspürt und harmonisiert werden. Zwischenmenschliche Beziehungen werden intensiviert durch erhöhte Wahrnehmung. Seelenkontakte entstehen. Die Auseinandersetzung mit der eigenen Wahrheit erreicht eine besondere Tiefe. Alles wird hinterfragt und gewinnt die Frische der Neuen Zeit.

Metamorphose der Aura beim Sterben

Der Rückzug der Aura aus dem physischen Körper leitet den Sterbeprozess ein. Umfassendes Wissen um die Feinstofflichkeit (energetische Körper, Aura-Schichten, Chakren, Elemente, Meridiane sowie unterschiedliche Äther-Arten) wird unseren Umgang mit und die Betrachtung von dem Übergang grundsätzlich verändern. „Das größte Abenteuer", wie Alice Bailey den Tod nennt, kann dank einem vertieften Verständnis spirituell vorbereitet, erlebt und begleitet werden.

Die Metamorphose der Aura bestimmt die unterschiedlichen Stadien des Sterbens und dessen Gewahrsein. Greift man jedoch in die einzelnen Phasen des Sterbens ein durch frühzeitige und massive Betäubung, durch Organentnahme oder gar durch den Abbruch des Sterbeprozesses, so wird der Mensch einer seiner heiligsten Erfahrungen beraubt: seiner Rückkehr in die Welt des Geistes, in der er wieder zu einem spirituellen Wesen wird.

Während der Trennung und Auflösung der Aura entdeckt und gewinnt der Mensch seine Hellsichtigkeit, sein Hellhören und Hellfühlen in weitem Umfang wieder. Deshalb will eine bewusste, achtsame und nicht-invasive Begleitung des Sterbeprozesses dringend erlernt sein.

Feinstoffliche Blaupause

Ohne Aura kein Körper, keine Gefühle, keine Gedanken und kein spirituelles Dasein. Die materielle Existenz ist das Ergebnis einer bestimmten Reihenfolge von subtilen, feinstofflichen Vorgängen.
Für jedes Organ gibt es eine subtile Vorlage, ein ätherisches Organ, das das physische belebt und nährt. Die feinstoffliche Blaupause, der energetische Vorläufer des grobstofflichen Körpers, liegt sowohl in der Physis als auch um die Physis herum. Die 2D-Darstellung aus Büchern ist teilweise irreführend, wenn sie die Aura wie Bänder oder wie ein aufgestülptes Ei aussehen lässt. Die Aura ist dreidimensional, pulsierend und befindet sich in ständiger Veränderung.
Ohne gleich hellsichtig sein zu müssen, hat jede Person eine instinktive Ahnung von der eigenen Aura und der von anderen Menschen, z. B. wenn einem jemand zu nahe kommt. Auch ohne physische Berührung wissen wir, wann eine Grenze überschritten ist. Im gesunden Zustand dient uns die Aura als Schutz und Abgrenzung. Dafür benötigt sie aber Pflege und Klärung.

Aura-Therapie: sanft, einfach, effizient

Die Aura-Therapie findet zunehmend Eingang in die Praxen, entweder als Ergänzung zu medizinischen, psychologischen, psychotherapeutischen oder psychiatrischen Behandlungen oder als eigenständige therapeutische Maßnahme. Im geeigneten Rahmen sind ihre Vorteile sehr zu schätzen: Klienten/Patienten berichten von einer sofortigen Erleichterung, Verbesserung oder Beruhigung. Der sanfte Zugang, der einfache Vorgang, aber auch die hellsichtige Einschätzung der Beschwerden verleihen einen achtsamen und menschlichen Umgang mit Schmerz, Verzweiflung, Schock-Zuständen und sogar mit unklaren Diagnosen.

Die Begriffe „sanft" und „einfach" sind nicht gleichbedeutend mit „wirkungslos". Im Gegenteil: Weniger ist mehr im Bereich der Feinstofflichkeit, wo der gezielte Einsatz von Aura-Arbeit die Tiefe und Essenz des Wesens mit einbezieht. Immer mehr Patienten suchen mit Absicht Praxen aus, die unter anderem Aura-Therapie anbieten.

Schon bei der ersten Wochenend-Einheit der Ausbildung in Aura-Therapie staunen die Teilnehmer über die Effizienz der Aura-Arbeit, auch Ärzte, Psychiater und andere Therapeuten. Jeder entdeckt seine besondere Begabung, die für das eigene Wohl, für Mitmenschen, Tiere und für Pflanzen verwendet werden kann. Sanft, nicht eindringlich und respektvoll gegenüber dem Wesen und der Schöpfung, kann der Lebensstrom in der Aura wiederhergestellt und dadurch deren Leuchtkraft gestärkt werden. Somit erleichtern die Schritte zur Rückverbindung mit der Quelle das Erreichen von persönlichem Gleichgewicht und Gesundheit. Die wohltuende Wirkung ist sofort spürbar in der Einzelsitzung.

Auf höheren Ebenen

Das aurische Feld auf höheren Ebenen ist ein Träger für das Mitgebrachte, für die Erinnerungen aus vorigen und parallelen Inkarnationen, für das Potential, die Talente, das Vorhaben für dieses Leben.

Die Aura speichert alle unsere Erfahrungen sowie die Art und Weise, wie wir mit ihnen umgehen und wie wir sie verarbeiten. Ob wir daran wachsen, und ob wir uns auf dem Weg der Evolution fortbewegen, die Kraft der Liebe und der Ewigkeit in uns strahlen lassen und einander damit durchleuchten und uns so empfänglicher machen für die Gnade des Alltags, all das wird von den feinstofflichen Körpern registriert und wie auf einer Festplatte festgehalten. Die Aura speichert die Lebensweise, den Umgang mit dem Potenzial und den Geschenken des Karmas. Sie strahlt aber auch unsere Einstellung, unser Gemüt mit seinen Glaubenssätzen und Vorurteilen in die Welt hinaus. Daraus entstehen Resonanz und Kompatibilität mit Menschen, Ereignissen und Begebenheiten, die wir im Leben anziehen. Die Aura ist beides – Spiegel und Fenster. Darüber hinaus ist sie Wegweiser, der uns den Pfad zur Erfüllung der Seele zeigt. Durch ihre Strahlkraft werden wir von der Quelle erkannt.

Aus dem Stoff des Schöpfers entstanden, ist der Mensch als Abbild wiederum Schöpfer seiner Welt auf einmalige Weise. Die Erinnerung an unsere kosmische Herkunft, an den unendlichen, himmlischen Ozean, zu dem jeder Tropfen, der daraus hervorgegangen ist, in ewigen Rhythmen zurückkehrt – diese Erinnerung ist eine Quelle der Zuversicht, der Liebe und der immer wiederkehrenden Kraft.

Sich in seiner Multidimensionalität auszubreiten erweitert die Perspektive, beruhigt das Gemüt und öffnet das Herz. Unsere lebendige Aura ist ein Weg zu einer geerdeten Spiritualität im Hier und Jetzt.

c) Aura- und Raumspray

Im Jahre 2000 entwickelte ich einen Aura- und Raumspray, weil ich mit den auf dem Markt erhältlichen Produkten unzufrieden war. Durch die Hellsichtigkeit konnte ich feststellen, dass deren Wirkung unzureichend war oder dass die versprochene Wirkung in der Aura unterblieb. Ein anderer Grund war der Geruch, der oftmals zu künstlich oder zu aufdringlich war. Es genügt auch nicht, lediglich ätherische Öle ins Wasser zu geben, um ein wirksames Raumspray zu kreieren.

Ich habe eine Reihe von Blüten- und Edelsteinessenzen sorgfältig ausgewählt und getestet und mit einer besonderen Mischung von ätherischen Ölen (Rosen und Orangen) verbunden. Seit 15 Jahren ist diese Mischung sehr beliebt und der Duft einmalig.

Nun hatte ich Anfang 2015 die Inspiration, meinen Aura- und Raumspray zu veredeln und bzgl. seiner Schutzwirkung energetisch zu intensivieren, um ihn den gegenwärtigen Bedürfnissen anzupassen.

Die Menschen brauchen heutzutage einen deutlicheren Schutz, und zwar weniger von außen als von innen heraus durch eine geeignete Zentrierung.

<u>Anwendung in Räumen und in der Aura:</u>
Die Flasche wird vor der Anwendung geschüttelt, um die Emulsion von Wasser, reinen ätherischen Ölen und Blüten- und Edelsteinessenzen zu gewährleisten.

Dann wird die Flüssigkeit in Räumen oder über dem Kopf versprüht. Unter dem Sprühregen verweilt man kurz, bis die Flüssigkeit und die negativen Ionen die gesamte Aura umhüllt haben.

Den angenehmen Duft riechen, die wohltuende Wirkung genießen und schätzen. Der Aura- und Raumspray erleichtert schwere, traurige Energien, wandelt Aggressionen um, befreit von Engegefühl, harmonisiert und gleicht in kürzester Zeit aus, was aus dem Gleichgewicht geraten ist.

Der Spray kann auch bei Kindern und älteren Menschen und in praktisch allen Situationen angewendet werden. Sowohl Auren als auch Räume speichern Energien, die durch die Anwendung des Aura-/Raumsprays wieder ins Lot geraten.
Aus dieser besonderen Mischung entstehen Schutz, Klarheit, Zentrierung und Präsenz.

Der Spray kann bei der Autorin erworben werden.
Kontaktdaten siehe Seite 275.

d) Auréliennes Aura Lemniskate

Die Lemniskate ist eine liegende Acht und ein Symbol für die Ewigkeit.

Die besondere Kombination von Farbe und Geometrie stellt den Energiefluss und die ursprüngliche Ordnung innerhalb der Aura und deren Schichten wieder her. Die Lebenskraft wird aktiviert.

Die äußerst einfache Anwendung verleiht sofortige Entspannung und entfernt unerwünschte Einflüsse.

Die Aura Lemniskate dient dazu, die feinstofflichen Bedürfnisse der Aura und die unterschiedlichen Ebenen des Daseins in seiner Pluralität aber auch in seiner Einzigartigkeit zu erfahren. Die Multidimensionalität des Menschen wird gepflegt und regeneriert. Damit ist gemeint, dass der Mensch die Harmonisierung erhält, die momentan gebraucht wird. Von vornherein entsteht eine Prioritätensetzung, die die Bedürfnisse auf der feinstofflichen Ebene erkennt und neutralisiert. Sobald die Aura Lemniskate ins Energiefeld hineingebracht wird, fängt dieses an, mit ihr in Resonanz zu schwingen, weil die Lemniskate durch die Luftbewegung aktiviert wird und die passenden Farben ins entsprechende Energiefeld übertragen werden. Eigentlich findet gar keine Übertragung statt, sondern lediglich ein Mitschwingen, das sofort nach Gleichgewicht und Harmonie strebt, so wie es überall in der Natur geschieht.

Die Form der liegenden Acht regt den ursprünglichen Imprint an und erzeugt im Energiefeld eine Erinnerung. Anders ausgedrückt sind die Ur-Informationen in der Aura seit Ewigkeiten gespeichert. Kommen diese mit der Lemniskate in Berührung, werden sie aktiviert oder geweckt, und die Auraschicht oder das entsprechende

Chakra beginnt in der Farbwellenlänge zu schwingen, die gerade benötigt wird. Sie pendelt sich ein und stellen ihre normale Funktion wieder her durch das Prinzip der Resonanz; sie kommt wieder ins Gleichgewicht.

So einfach und doch so genial ist diese Kreation in ihrer Wirkung auf das Lebensfeld des Menschen, von Kindern, von Tieren, Pflanzen und von Räumen. Die Wirkung ist immer schnell, spontan, unbewusst und stimmig. Deshalb entsteht in kurzer Zeit eine Erleichterung, die zum Seufzen oder Durchatmen anregt. Man wird in Ordnung gebracht. Eine bewusste Anstrengung ist nicht notwendig, denn die Weisheit der Aura und der Energiezentren wird unmittelbar hervorgerufen.

Ist der Anwender sensibel genug und willig, sich auf seine innere Rückmeldung einzustellen, spürt er sofort eine Entlastung, eine Erleichterung und eine Harmonisierung des gesamten Systems. Die Übung sollte nach eigenem Ermessen so oft wiederholt werden, bis eine wohltuende Ordnung erreicht und beibehalten wird.

Anfang und Ende sind eins und ergänzen sich in der Ewigkeit. Immer wieder und doch immer neu und frisch aus „Der Quelle". Eine erfrischende Brise gelangt in die Schichten der Aura, die ihren Platz wieder im Einklang zueinander finden, vor allem nach Wachstumsphasen und Veränderungen, entweder des Lebensstil oder im Inneren, in der verinnerlichten Perspektive oder in den Ereignissen des Alltags. Während eines Wachstumsschubes kann es durchaus geschehen, dass sich die Auraschichten verlagern und das Energiesystem vorübergehend aus dem Gleichgewicht gerät. Das sind keine Pathologien, sondern natürliche Begebenheiten, die aber gut gemindert werden können, besonders in diesen Zeiten der schnellen Entwicklungen und Veränderungen. Solche Ungleichgewichte können sich als „schlechter Tag" äußern, mitunter aber sogar zu Identitätskrisen führen.

Durch das sanfte Aufeinandergleiten werden die Auraschichten in Einklang gebracht, sodass die innere Kommunikation wieder stattfindet. Die innere Kommunikation drückt sich aus durch klare Intuition und Eingebungen. Sie ist auch die innere Stimme, die leise Stimme, das Gewissen, das Bauchgefühl und weitere innere Regungen, die das Kanalisieren der inneren Führung und der inneren Weisheit zum Ausdruck bringen. Sie informieren uns, ob wir im Einklang mit unserem Kern stehen oder nicht.

Anwendung bei lebendigen Wesen

a) <u>Zu Zweit – im Sitzen oder Stehen:</u>

Die Person, die die Aurapflege mittels Lemniskate empfängt, sitzt auf einem Hocker in der Mitte des Raumes oder steht, falls diese Haltung nicht als anstrengend empfunden wird. Die Person, die die Aura Lemniskate in die Aura bringt (auch „Geber" genannt), braucht Platz, um sich um den Empfänger herumbewegen zu können. Vorzugsweise beginnt sie auf der rechten Seite, wo sie die Aura Lemniskate am Bändchen auf Höhe der Schulter in die Aura des Empfängers hält. Während sie langsam links um den Empfänger herumgeht, bewegt sie die Lemniskate am Bändchen langsam von oben nach unten und zurück, also auf und ab, vom Kopf bis zu den Füßen). Durch den Luftzug und die lebendige Form der Lemniskate

entstehen Wirbel, die zusätzlich willentlich verstärkt werden können. Der Geber aktiviert mit der Farblemniskate mit langsam krei-
senden Bewegungen das gesamte Energiefeld von oben nach unten
und wieder zurück. Dabei geht er einmal um den Empfänger herum. An besten lässt man sich von der eigenen Intuition leiten und
beobachtet gleichzeitig die Wirkung am Körper und in der Aura.
Man kann auch kurz an einer Stelle verweilen, wenn einen das Gefühl dort hinzieht oder wenn einen der Empfänger dort hinlenkt.

Unentbehrlich ist es, auf die Rückmeldung des Empfängers zu achten, im Einklang mit seinen Wünschen zu arbeiten und aufzuhören,
wenn er das will. Es ist sinnvoll, eine vollständige Runde durchzuführen, bis man wieder an der Ausgangsposition angekommen ist.
Es ist durchaus möglich, eine zweite, eventuell sogar eine dritte
Runde durchzuführen, wenn es als angebracht empfunden wird.

Im Allgemeinen gilt im feinstofflichen Bereich die Regel, lieber
eine kurze Anwendung, die achtsam durchgeführt, empfangen und
erlebt wird, als Leistungsdruck zu erzeugen.

Die Arbeit mit der Lemniskate ist eine spirituelle, energetische
Arbeit und wird ganz bewusst ausgeführt. Gelegentlich zu pausie-
ren und hineinzuspüren, was sich tut, ist lohnenswert. Da die Aura
Lemniskate wirksam ist, kann durchaus eine Empfindung oder ein
Ziehen auftreten, z. B. wenn eine Energie, die nicht ins Energiefeld
gehört, daraus entfernt wird. Ordnung wird geschaffen, der ursprüngliche Zustand wird wieder hergestellt im Einklang mit den
individuellen Bedürfnissen des Empfängers.

b) <u>Zu Zweit – im Liegen:</u>

Bei kranken, bettlägerigen Menschen, für Kinder und Tiere kann das Bewegen der Farblemniskate in der Aura auch im Liegen durchgeführt werden. Die Vorgehensweise ist ähnlich wie oben erklärt, wobei die Lemniskate zuerst in eine Seite des Feldes hineingebracht wird, z. B. in den vorderen Bereich oder auf der Ebene der rechten oder der linken Schulter. Hier wird die Arbeit an die körperlichen Bedürfnisse und Einschränkungen des Menschen oder des Tieres angepasst. Kann sich der Behandelte nicht umdrehen (z. B. bei Sterbenden oder Schwerstkranken) kann auch nur auf einer Seite behandelt werden. Es soll aber durch die Absicht des Anwenders verstärkt und vervollständigt werden, sodass die energetische Wiederherstellung tatsächlich im gesamten Feld stattfindet.

c) <u>Eigenständige Durchführung:</u>

Hier ist der Anwender gleichzeitig Empfänger und Geber. Der Vorgang unterscheidet sich kaum von den vorigen Gebrauchsanweisungen, außer dass die Durchführung in der eigenen Aura stattfindet, vorzugsweise von rechts nach links, von oben nach unten und wieder zurück, im vorderen und hinteren Körperbereich, bis man wieder am Anfang ist. Langsam und sanft vorgehen und gleichzeitig positive Veränderungen wahrnehmen. Die eigene Intuition zulassen und ihr folgen. Hilfreich ist auch, wenn man zusätzlich die Aura Lemniskate vor der mittleren Achse des Körpers, vor den Chakren, langsam auf und ab bewegt. Dadurch werden sie in Reihe gebracht, können besser miteinander kommunizieren und wieder ins Gleichgewicht kommen.

Spirituell und energetisch gesehen ist das ganze Universum lebendig, d. h. alles besitzt eine Aura. Ist sie im Gleichgewicht, ist der Körper gesund und die Psyche im Gleichgewicht.

Die einfache Anwendung der Aura Lemniskate kann in alle „Systeme" eingebracht und mit allen anderen heilenden Methoden – vom Gebet bis zur Chirurgie – kombiniert werden. Sie wird immer das Streben nach Ordnung und Gesundheit unterstützen und verstärken.

In den Händen von Kindern ist die Farblemniskate gut aufgehoben, denn die jungen Menschen stehen noch mit ihrer Intuition in Verbindung. Man kann ihnen die Anwendung der Aura Lemniskate getrost überlassen, weil sie wissen, wann, wie viel und wie lange sie ihnen guttut. Auch Tiere besitzen eine feine feinstoffliche Empfindung und entfernen sich, sobald der Einsatz der Lemniskate nicht mehr gebraucht wird. Sie wissen, wann, wie viel und wie lange sie diesen brauchen. Tiere besitzen ebenfalls eine feine feinstoffliche Empfindung und entfernen sich, sobald das der Einsatz der Lemniskate ausreicht.

Hellsichtige, feinfühlige, intuitive Menschen werden die Vorteile der Aura Lemniskate zu schätzen wissen. Intellektuelle, kopflastige Menschen und solche, deren Leben von der linken Gehirnhälfte betont wird, können mit ein wenig Geduld ihre feinstoffliche Wahrnehmung mit Hilfe der Farblemniskate entfalten.

Pflanzen sind hoch empfindsame Wesen und stehen in telepathischer Verbindung mit ihrer Umgebung. Auch sie sind empfänglich für beides – für die Absicht des Gebers und für die Wirkung der Lemniskate – und können sich über die wohltuende Wirkung freuen.

Die Aura Lemniskate kann eingesetzt werden als Unterstützung und Ergänzung zu allen therapeutischen Maßnahmen, ob körperlich, psychisch, geistig, mental, feinstofflich oder spirituell, denn sie stellt die ursprüngliche Ordnung wieder her, also die Grundlage für Gesundheit und Wohlbefinden.

<u>Einige Umstände und Zustände, die von der Anwendung der Lemniskate verbessert werden:</u>

- Erleichterung bei Folgen von elektromagnetischer Strahlung, wenn sich man lange im Umfeld von Computern oder anderen elektronischen Geräten aufgehalten hatte
- bei allen von Stress verursachten Erscheinungen
- bei Müdigkeit
- wenn man zu lange geschlafen hat, zu verträumt ist oder wenn man zum „Abheben" neigt
- wenn man verwirrt, unklar oder unkonzentriert ist
- wenn man sich abgelenkt fühlt oder nicht dazu kommt, zu tun, was man sich vorgenommen hat
- bei Anspannung und Nervosität
- wenn man aufgeladen ist oder sich aggressiv fühlt
- bei ängstlichen Zuständen
- bei kleineren und größeren Identitätskrisen
- bei Veränderungen
- bei „schlechter" Laune mit oder ohne Grund

- wenn man das Gefühl hat, man sei aus irgendeinem Grund energetisch voll oder überladen, übersättigt mit Energien
- nachdem man mit vielen Menschen oder in Menschenmassen verweilt hat
- vor der Meditation
- vor Gesprächen und Auseinandersetzungen
- vor öffentlichen Auftritten
- vor und nach beruflichen Herausforderungen
- während Krankheit und schwieriger Phasen
- zur Regeneration

Sie sind herzlich dazu eingeladen, mit weiteren Zuständen und Umständen zu experimentieren.

<u>Anwendung bei Geräten und Räumen:</u>
Räume, Haushaltsgeräte, Büroausstattung speichern ebenfalls Informationen in ihrem Energiefeld.

Räume können harmonisiert werden, indem wir eine Aura Lemniskate in die Mitte des Zimmers hängen. Zum Aufhängen sollte die Farblemniskate an einem längeren Bändchen aufgehängt werden, sodass mehr Bewegung ermöglicht wird.

Bei Geräten wird die Aura Lemniskate wie beim Menschen von oben nach unten um das Gerät herum bewegt, um das Energiefeld des Gegenstandes zu stabilisieren. Besonders sinnvoll ist das bei Geräten, die öfters aus unbekannten Gründen ausfallen.

Für Fragen, Rückmeldungen und Mitteilungen stehe ich gerne zur Verfügung und bin sehr dankbar, wenn Sie mir Ihre Erfahrungen per Post schreiben oder mich telefonisch kontaktieren.

Allen wünsche ich eine achtsame Zeit und erfüllende Erfahrungen mit der Aura Lemniskate.

Die Aura Lemiskate kann bei der Autorin erworben werden. Kontaktdaten siehe Seite 275.

e) Aura und Lebenskraft

Die Lebenskraft ist die Kraft des Lebens, um das Leben zu erleben. Das Leben entsteht aus dem Streben, sich auf der Manifestationsebene – im Körper auf der Erde – zu erfahren. Dafür ist Energie notwendig. Ist die Lebenskraft im Organismus, erzeugt sie wiederum Lebendigkeit, Lebensfreude, Kreativität und Glückseligkeit.

Lebensfluss und Energie
Überall im feinstofflichen Bereich, wo sie vermindert oder in ihrem Fluss beeinträchtigt ist, entstehen energetische Disharmonien in Form von Energieüberfluss, -stau oder -mangel. Die Abweichungen vom Energiefluss und der Energiemenge übertragen sich auf den grobstofflichen Körper und verursachen dort ein Unwohlsein, das sich mit der Zeit in Symptomen und Krankheit ausdrückt.

Beulen, Ausbuchtungen, Aufblähungen, Aufwölbungen und Auswüchse überreizter Energie in der Aura fördern entzündliche Prozesse im materiellen Körper. Ausleitung, Energieverteilung und Ausgleich sind erforderlich, um das Gleichgewicht wieder herzustellen.

Bewegung ist eines der wichtigsten Merkmale von Leben und Lebenskraft. Wo der Energiefluss in den feinstofflichen Körpern beeinträchtigt ist, entsteht eine Blockade. Ein Mangel erzeugt Stagnation. Das wiederum fördert energetische Ansammlung und Schlackenbildung. Alle im Feinstofflichen stattfindenden Prozesse werden in das physische/materielle Abbild übertragen, sodass sich diese Schlacken auch im physischen Körper bemerkbar machen.

Ein Mangel an Energie kann auf einen Verlust von Kraft hindeuten, verursacht durch Aurarisse oder dem Vorhandensein von

Energievampirismus. Betroffene Stellen können in der Aura als leer und matt wahrgenommen werden. Solch dünne, ausgefranste Texturen werden manchmal auch als Auralöcher bezeichnet. Ich verwende diese Bezeichnung nicht. Sie wird zu häufig und undifferenziert angewendet. Fast ausnahmslos löst sie Ängste und Verunsicherung aus, sogar bei Menschen, für die die Aura nicht mehr als ein vager Begriff ist. Eine verminderte Lebensenergie in der Aura ist die Ursache für Apathie, Lethargie, alle Mangelerscheinungen und Depression auf der physischen Ebene. Sie wird durch Energieausgleich und -zufuhr harmonisiert.

Das Gleichgewicht innerhalb der menschlichen Einheit Körper/Seele/Geist ist abhängig von der Aufnahme, Verteilung, Verarbeitung, Speicherung und Abgabe der im Kosmos vorhandenen Kraft.

Die Lebensenergie

Kosmische Energien sind winzige, hochkonzentrierte, hoch schwingende Vibrationen, die von der Sonne, vom Mond, von den Sternen, von Konstellationen, von der Milchstraße und vom Lebensäther entstehen. Sie werden von der Ozonschicht filtriert. Das magnetische Feld der Erde reguliert ihren Fluss auf dem Planeten. Beide, sowohl die Ozonschicht als auch das magnetische Feld der Erde nehmen in ihrer Wirkung ab.

Die spirituellen Energien sammeln sich am Nordpol. Von dort aus werden sie durch die tellurischen Ströme auf der Erde verteilt. Natürliche Phänomene wie Stürme, Winde und große Wasseransammlungen wandeln sie in negative Ionen um. Immer wieder laden sie die Lebenskraft auf: Der Mensch „tankt auf" in der Natur.

Trotz ihrer Universilität trägt die Vitalkraft unterschiedliche Namen – was teilweise zu Verwirrung führt, z. B. kosmische Energie, Licht, Prana, Mana, Chi oder Ki, Äther, Orgone, Vril, Bioplasma, Od etc.

Wilhelm Reich hat die Bezeichnung Orgone ins Leben gerufen und durch seine Forschungen die Aufmerksamkeit der CIA auf seine Arbeit gezogen. Er starb in einer psychiatrischen Anstalt.

<u>Die Lebenskraft</u>

Obwohl alle Wesen von Lebensenergie umgeben sind, ist deren Aufnahme kein passiver Zustand, sondern ein Prozess, der die vorhandene Kraft individualisiert und spezialisiert im Zeit- und Raum-Kontinuum.

Innerhalb der Aura ist der Ätherkörper für diese Aufgabe zuständig. Im Besonderen fungiert er als Sammelbecken und Speicher für die Lebensenergie. Bei allen Beeinträchtigungen des Energiepegels und des Energieflusses sollte der Zustand des Ätherkörpers untersucht werden, denn er ist die feinstoffliche Schablone des materiellen Körpers. Der physische/grob-stoffliche Körper ist ein Abbild des Ätherkörpers, in welchem Abweichungen von und Disharmonien in der Lebenskraft zuerst stattfinden. Mit diesem Wissen sind wir imstande, Energieüberfluss, -stau und -mangel im Feinstofflichen zu regulieren, noch bevor sie sich im Grobstofflichen niederlassen, und zwar auf sanfte, kostengünstige Weise. Ist die Pathologie bereits fortgeschritten, kann sie gleichzeitig in der Aura und im Körper behandelt werden, was schnelle Erkenntnisse und Heilerfolge zusichern würde.

Mit der Klärung und Harmonisierung des Ätherkörpers können wir auch einer Verlagerung und dem erneuten Aufblühen von

Symptomen entgegenwirken, denn öfters werden Symptome zwar auf der körperlichen Ebene beseitigt, dafür bleibt ihre Prägung weiterhin auf der ätherischen und den anderen Ebenen bestehen.

Wie ein Puffer wirkt der Ätherkörper zwischen den höheren feinstofflichen Ebenen und dem physischen Körper. Daher ist jede Reaktion des Körpers genau betrachtet psycho-somatisch.

Die gespeicherten Informationen strömen, ausgehend von den spirituellen Körpern, durch die mentalen/emotionalen Ebenen hindurch zum Ätherkörper bis hin zur physischen Erscheinung sowie der materiellen Realität, die der Mensch sich erschafft.

Umgekehrt werden auch der Ätherkörper und seine Aura die äußerlichen Einflüsse der Umgebung aufnehmen und speichern. Dort hinterlassen Lebensweise und Ereignisse ihre Spuren.

Die Entfremdung des modernen Menschen von seiner natürlichen Umgebung und von seinem innersten Wesen verzerrt alle Schichten seines Daseins und seiner Gesundheit, seines Lebens und seiner Wirklichkeit. Er lebt in einem Universum aus Beton, Metall und Plastik mit negativen Strahlungen, elektrisch, elektronisch, radioaktiv. Die negativen Ionen oder Luftvitamine sind dort nur in sehr geringen Mengen vorhanden.

Konzentration von Ionen/cm^3 Luft:

in den Bergen:	1500
nach einem Sturm:	1500-2000
in geschlossenen Räumen:	10-20
in der Stadt:	10-20
in klimatisierten Räumen:	0

Zudem wird künstliche Kleidung getragen und denaturierte Nahrungsmittel werden verzehrt. Lebensmittel mit wenig Nährstoffen und kaum Vitalkraft, mit nur kleiner Aura und fast keiner Lichtausstrahlung werden in großen Mengen konsumiert, um die niedrige Zufuhr an Lebensenergie zu kompensieren. Quantität statt Qualität.

Bewegung und Magnetismus sind im Alltag reduziert. Von der Wohnung zum Verkehrsmittel, zum Arbeitsplatz, zum Geschäft, zum Sofa.

Alle Lehren und Lebensweisen, die die Verbindung zur Natur unterstreichen wie etwa Naturismus, Kneipp, Bircher Benner, anthroposophische Lebensführungen etc. erwähnen die Lebensrhythmen und deren Übereinstimmung mit den grundsätzlichen Bedürfnissen des Menschen. Es geht nicht darum „gesund leben zu müssen", sondern den Menschen in seiner Ganzheit und seinen Platz in der Schöpfung zu erkennen. Sich Gutes, Wohltuendes zu gönnen, wird selbstverständlich.

Der Lebenswille

Auf der grundsätzlichen Ebene hat der Lebenswille mit dem Überleben auf dem Planeten Erde im physischen Körper zu tun.

Am Flucht- oder Kampfreflex bis hin zur Fähigkeit, eine Idee, eine Vision in der materiellen Welt umzusetzen, zeigt sich die Durchsetzung des Lebenswillens als Antrieb und Durchhaltevermögen im Alltag.

Ist der Lebenswille auf der psycho-geistigen Ebene beeinträchtigt, entstehen selbstzerstörerische Verhaltensmuster wie Sucht, Mangel an Selbstliebe, Selbstentfremdung. Die Kundalinikraft, die das Materielle und das Spirituelle im Menschen durch Kreativität und Selbstentfaltung verbindet, bleibt am unteren Ende der Wirbelsäule aufgerollt und abwartend. Bewegungslos, anstatt den Lichtkanal hinaufzusteigen.

Das Abgeschnittensein von den menschlichen Grundbedürfnissen beginnt bei der Geburt, wie Jean Liedloff in ihrem ausgezeichneten Werk „The Continuum Concept" untermauert. Abgetrennt vom Körper, den Rhythmen und der Lebendigkeit der Mutter wächst der kleine Mensch in einer fremden Welt auf. Eine unsägliche Leere begleitet ihn in seinem Narzissmus und seinem Streben, diese emotionale Leere zu füllen und seine eigene Wertlosigkeit zu beheben.

Auf der geistig-spirituellen Ebene ist der Lebensfluss durch Sinnlosigkeit und die Illusion des Getrenntseins blockiert. Der Arzt und Psychotherapeut Viktor Frankl betont in seinen therapeutischen Ansätzen die Wichtigkeit, dem Leben einen individuellen Sinn zu geben. Verbindung mit der Einheit des Lebens, mit der Menschheit und mit allen Lebensformen prägt jede Entscheidung im Alltag. Die teleologische Einsicht in die Zusammenhänge des eigenen Lebens nährt und stärkt den Menschen in seiner Ganzheit und spornt seine selbstregulierenden und selbstregenerierenden Kräfte auf allen Ebenen an.

Die Lebensfreude

Durchflutet von den Energien aus der geistig-spirituellen Schicht der Aura, ist der Mensch im Gleichgewicht mit sich, mit der geordneten Anordnung und mit allen Lebensformen. Ständig strebt die Ganzheit nach der Wiederherstellung des Gleichgewichts nach der universellen Ordnung. Im Fluss sein erzeugt und erinnert an die grundsätzliche Stimmigkeit, wo jeder erhält, was ihm zusteht.

Die Lebensfreude, die Liebe zum Leben, die aus dem Gleichgewicht zwischen den Auraschichten entsteht, ist keine überschwängliche Freude. Sie ist die innewohnende Kraft und Dankbarkeit der Sterne, die am Himmel strahlen, oder der Zellen, die in Ihrem Körper schwingen. Freude ist der Ausdruck der Essenz, die sich manifestiert in der Form. Freude ist die Sprache der Seele.

Eine lebensbejahende Einstellung, gekoppelt mit dem Vertrauen in ein heiles, wohlwollendes Universum, wirkt sich positiv aus auf die psychoemotionale Veranlagung und auf die Widerstands- und Selbstheilungskräfte des Körpers.

Die Fähigkeit, sich für das Unsichtbare zu öffnen und diese Dimensionen in lösungsorientiertes Denken in alle Bereiche mit einzubeziehen, führt zu neuen Paradigmen und Lösungen. Versteckte und verdrängte Perspektiven und Ursachen werden aufgedeckt.

Es werde Licht in vielen menschlichen Belangen.

f) Aura Einzelsitzung/Auraunterricht auf Entfernung

Aufgrund meiner Hellsichtigkeit und einer spirituellen Technik bin ich imstande, mich in die energetische Dimension meines Telefonpartners einzuklinken und mich auf dessen Aura einzustellen. Diese erweiterte Wahrnehmung liefert mir eine Fülle von Daten, die eingeordnet werden will. Disziplin und Bodenständigkeit sind notwendig, um meine Eindrücke so neutral und klar wie möglich zu deuten. Unterscheidungsfähigkeit spielt dabei eine wichtige Rolle, denn sie differenziert zwischen der Beobachtung und der Emotionalität. Eine emotionale Distanz wird aufgebaut, um die Prozesse meines Gegenübers festzustellen und auszuwerten, als ob sie direkt vor meinen Augen ablaufen würden. So kann ich die Energien und die Farben, den Puls, die Muster und die Veränderungen des aurischen Feldes wahrnehmen und in den richtigen Kontext einordnen. Ich sehe oder höre Vorschläge, die die Harmonisierung der Aura unterstützen, Hinweise, die ich dem Klienten in Form von Empfehlungen weitergebe. Auch bei der Arbeit am Telefon ist es möglich, die Energiefelder der Person über die vorhandene Distanz zu regulieren und auszugleichen. Durch die Rückmeldung des Klienten kann ich die feinstoffliche Arbeit adjustieren und stabilisieren. Zusätzlich bin ich in der Lage, die energetischen Veränderungen zu verfolgen und dem Geschehen anzupassen. Die Frequenz der Person ist am Ende der Auraarbeit auf Entfernung höher als am Anfang. Auch für den Klienten ist die Arbeit spürbar und nachvollziehbar.

Das gleiche Prozedere findet beim Einzelunterricht am Telefon statt. Durch die Hellsichtigkeit nehme ich wahr, ob die Studentin das Unterrichtsmaterial richtig verstanden und aufgenommen hat. Ich sehe ihre besonderen Veranlagungen und Talente oder die persönlichen Hindernisse oder Schwierigkeiten beim Erlernen der feinstofflichen Techniken. Ich besitze die Fähigkeit, den individuellen Rhythmus der Lernenden zu erspüren und mich dem anzupassen. Der verbale Austausch und die feinstoffliche Wahrnehmung ergänzen sich, um die Begabungen der Person zu unterstützen. Durch die Einstellung auf den subtilen Wahrnehmungsmodus kann ich auf das Wesentliche fokussieren, ohne mich von materiellen Einzelheiten wie z. B. Kleidung, Aussehen etc. ablenken zu lassen. So entsteht auf der feinstofflichen Ebene eine tiefe, authentische Begegnung, die sich in einem egofreien Bereich entfaltet, sodass eine individuelle, maßgeschneiderte Unterrichtsstunde entsteht.

Über die Autorin

Aurélienne Dauguet (geboren 1953 in Paris) verfügt seit ihrer Jugend über eine ausgeprägte feinstoffliche Wahrnehmungsfähigkeit. Zunächst als Krankenschwester (Zusatz Psychiatrie) tätig, ist sie heute unter anderem Dozentin an den Paracelsus-Schulen in Deutschland und der Schweiz für Auratherapie, feinstoffliche Radionik, den Sterbeprozess aus ganzheitlicher Sicht, Geistiges Heilen etc. Das aktuelle Unterrichts-Angebot ist bei den Paracelsus Schulen abrufbar.

Weiterbildungen: Lithotherapie, Aura-Arbeit, Aromatherapie, Blüten- und Edelsteinessenzen-Radiästhesie, feinstoffliche Radionik (ohne Gerät), „Radionic Practitioner" nach der „British Radionic Association" und mit David Tansley, Aura Soma Ausbildung mit Vicky Wall. Aurélienne Dauguet war Aura Soma Lehrerin.
Die Lehr- und Seminartätigkeit rund um das Thema Aura erfolgt europaweit.

Seit ca. 30 Jahren bietet sie sowohl in eigenen Räumen als auch per Telefon Lesen und Reinigen der Aura, Beratungen, Einzelsitzungen, Einzelunterricht sowie Fernunterstützung in deutscher, englischer und französischer Sprache an.
Bei Interesse siehe Kontaktdaten.

Die Produkte „Aura-Spray" (siehe Seite 254) und „Aura Lemniskate" (siehe Seite 256) können über die Autorin bezogen werden.

<u>Kontakt:</u>

Aurélienne Dauguet
Schießgrabenstraße 28
86150 Augsburg

Tel: 0049 821 / 45 40 77 44

WEBSEITEN: aureliennedauguet.com
            aura-medium-zentrum.com

Literaturhinweis:

Aurélienne Dauguet

Reiseführer zu deinen kosmischen Energien
– Aura-Entdeckung

ISBN 978-3-944700-02-1 (Paperback)
ISBN 978-3-944700-12-0 (e-Book)

Alles was lebt, besitzt eine Aura.

Die Energien, die feinstofflichen Ausstrahlungen, wahrzunehmen, gehört zur natürlichen Begabung lebendiger Wesen. Diese wieder zu entdecken, eröffnet einen frischen, neuen Blick auf den Alltag und breite Horizonte.

Das Buch „Reiseführer zu deinen kosmischen Energien – Aura-Entdeckung" führt den Leser auf eine Entdeckungsreise in die verschiedenen Ebenen und Dimensionen der menschlichen Aura.

Es enthält sowohl theoretische Abhandlungen über die verschiedenen Schichten der Aura, wie den Ätherkörper, den Emotionalkörper oder den Mentalkörper, sowie auch praktische Übungen zum richtigen Umgang mit der Aura.

Letztlich wird das Buch für den Leser ein Reiseführer zu sich selbst.